세상을 떠난 나의 할아버지 리처드 캐롤(Richard Carroll)에게 이 책을 바친다.
할아버지는 내게 처음으로 로켓이 발사되는 광경을 보여 준 분이다.
이 책을 보셨다면 "정말 멋지구나."라고 한마디 하셨을 것이다.

일러두기

1. 도서명은 『』로, 논문은 「」로, 신문과 잡지명은 《》로, 영화, 드라마, 애니메이션 등의 작품명은 〈 〉로 표시했다.
2. 달러를 원화로 환산한 경우, 2024년 3월 환율을 기준으로 했다.

SpaceX: Elon Musk and the Final Frontier
© 2024 Quarto Publishing Group USA Inc.
Text © 2024 Brad Bergan

Cover Images: Main: Paopano/Alamy Stock Photo
Bottom: Apex MediaWire/Alamy Stock Photo
First Published in 2024 by Motorbooks, an imprint of The Quarto Group

스페이스X의 비밀

스페이스✕의 비밀

펴낸날 2024년 4월 30일 1판 1쇄

지은이 브래드 버건
옮긴이 김민경
펴낸이 김영선
편집주간 이교숙
교정교열 나지원, 정아영, 이라야, 남은영
경영지원 최은정
디자인 바이텍스트
마케팅 신용천

발행처 ㈜다빈치하우스-미디어숲
출판브랜드 미디어숲
주소 경기도 고양시 덕양구 청초로 66 덕은리버워크지산 B동 2007호~2009호
전화 (02) 323-7234
팩스 (02) 323-0253
홈페이지 www.mfbook.co.kr
출판등록번호 제 2-2767호

값 22,000원
ISBN 979-11-5874-219-5 (03300)

㈜다빈치하우스와 함께 새로운 문화를 선도할 참신한 원고를 기다립니다.
이메일 dhhard@naver.com (원고 투고)

스페이스X의 비밀

인류 최후의 개척지와
일론 머스크의
마스터플랜

브래드 버건 지음
김민경 옮김

인류의 화성 이주선은 순항하고 있다

SPACE-X

미디어숲

우주 비행의 새로운 역사

1989년 작가이자 정치이론가인 프랜시스 후쿠야마Francis Fukuyama는 '역사의 종말'을 선언했다. 그는 자유민주주의는 인류의 이데올로기 진화의 종점이자 역사의 종말이 된다는 주장을 펼쳤다. 당시 소련 사회주의 체제는 붕괴하고 있었고, 공산주의나 자본주의가 지구의 역사를 계승하며 세계사적 결론을 내릴 것인지에 대해 의문이 제기되었다. 그러나 후쿠야마는 이른 바 서구 열강이란 자본주의 패권국가가 아니라 궁극적인 승리를

오른쪽: 2022년 10월 8일, 미국 플로리다의 케이프 커내버럴 우주 기지에서 발사된 스페이스X의 팰컨9(Falcon 9) 로켓이 보름달 부근을 통과하고 있다.

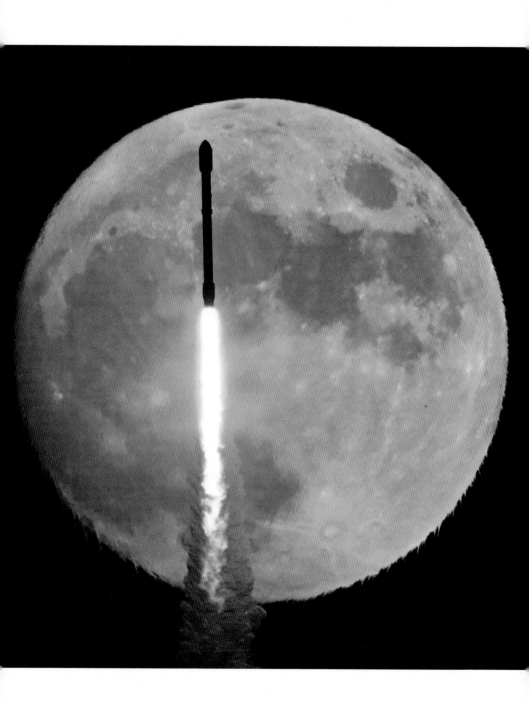

향해 전진해 온 종래의 자유민주주의이며, 자유민주주의 체제가 승리하면서 현 상황에 종지부를 찍을 것이라고 보았다.

후쿠야마가 미국의 안보 전문 매체인 《더 내셔널 인터레스트The National Interest》에 기고한 논문을 기반으로 1992년 『역사의 종말』이 출간되었다. 이때는 이미 냉전이 종식된 상태였다. 1990년 소련이 해체되고, 베를린 장벽은 역사 속으로 사라지면서 사람들의 기억 속에 오랜 분단의 상징으로 남게 되었다. 이제 문명 세계의 최첨단 기술이 가장 웅장하게 발휘된 유인 우주 탐사를 이끄는 주체가 누구인지는 이미 결론이 난 듯 보였다.

그러나 냉전이 종식된 이후에도 세상은 결코 순탄치 않았다. 끊임없이 전쟁이 이어지던 와중에 2001년 이슬람 근본주의 세력이 9·11 테러를 일으켰고, 이로 인해 미국을 비롯해 전 세계적으로 국가 정책에 일대 전환이 일어났다. 또한 2008년 미국에 닥친 금융위기는 다른 여러 나라에도 영향을 미쳐 세계적인 경기 침체를 불러왔다. 사적인 정치 공론의 장으로서 소셜 미디어가 급부상했고, "월가를 점령하라", "흑인의 생명도 소중하다Black Lives Matter", 미투 운동Me Too movement과 같은 사회적 움직임은 '사회'라는 용어 자체가 어떠한 의미를 지니는지에 대한 대중의 담론을 근본적으로 바꾸어 놓았다. 글로벌 팬데믹이나 이번에는 중국이 상대일지도 모르는 또 다른 전쟁 위기는 말할 것도 없고, 은행 시스템의 붕괴,

암호화폐의 등장, 챗GPT로 시작된 AI의 출현 등, 다시 말해 역사는 1990년대 초반에 종말을 맞이하지 않았다는 사실을 이제는 누구나 알고 있다.

우주 탐사 경쟁 역시 후쿠야마 시대 이후에 여러 변화를 겪어 왔으나, 그 변화는 훨씬 감지하기 어려운 형태였다.

그 당시 우주여행에 대한 공통된 시각은 사실상 후쿠야마의 분석과 크게 다르지 않았다. 미국 항공우주국(이하 NASA)을 비롯해 록웰Rockwell, 보잉Boeing, 록히드 마틴Lockheed Martin과 같은 우주왕복선space shuttle 및 로켓 기술 관련 기업이 인류를 새로운 행성으로 데려갈 준비를 마친 것 같았다. 이들이 서로 협조하여 서구의 우주 개발 사업에서 주력한 분야는 단연 우주왕복선이었다. NASA는 우주와 지구를 반복해서 왕복하도록 설계한 우주왕복선을 설계했다. 날개가 달린 대형 승합차 같은 디자인의 우주왕복선은 우주 비행사 일곱 명이 탑승할 수 있을 뿐만 아니라 스쿨버스도 들어갈 만큼 큰 규모의 화물 탑재 공간도 있었다. 우주로 20톤 이상의 화물을 실어 나를 수 있는 수준이었다.

우주왕복선에 장착된 세 개의 주요 엔진인 RS-25는 6 대 1 비율의 액화산소와 액화수소 혼합물을 사용해 180톤에 이르는 해수면 추력을 생성하고, 이 추력은 상대적으로 진공 상태인 우주 공간에서 213톤까지 상승할 수 있었다. 이 강력한 삼중 엔진으로 추력

을 65에서 109퍼센트까지 제어할 수 있었는데, 이 기능은 두 개의 고체 연료 로켓 부스터와 더불어 왕복선의 발사 초기에 유용하게 쓰였다.

그러나 일단 발사 이후 로켓 부스터가 선체와 분리되고 나면, 왕복선은 RS-25 엔진으로 대략 시속 4,800킬로미터에서 시속 2만 7천 킬로미터 이상 가속되면서 결합된 최대 추력은 544톤을 넘어서게 되었다.

이렇게 왕복선이 상승하는 동안, 추력의 변화를 이용해 비행사들이 체감하는 최대 가속도는 지구 해수면 기준 중력 가속도의 3배(혹은 3g) 수준으로 유지할 수 있게 설계되었다.

그러나 왕복선 발사는 어마어마한 비용이 드는 사업이었다. 고체 로켓 부스터와 주황색의 대형 연료 탱크 제조, 선체 발사 및 착륙, 연구에 들어가는 비용을 비롯해 기술 및 시설 개발까지 포함하면 NASA가 최초의 우주왕복선을 구축하고 발사하는 데 100억 달

상단: 현재는 사용되지 않는 NASA 의 우주왕복선 주 엔진 RS-25. 이 엔 진은 70톤의 추력을 낼 수 있었다.
하단: 우주에 도달한 최초의 우주 왕복선 컬럼비아(Columbia)호의 1981년 4월 12일 첫 발사 장면.

러(13조 3천억 원) 이상이 들어갔다.

2022년 말 기준, 물가상승률을 감안하면 550억 달러(72조 6천억 원)를 웃도는 액수다. 금액이 너무 커서 감이 오지 않을 테니 이해 를 돕자면 전 세계에서 그 정도의 가치를 지닌 억만장자는 겨우 스 무 명 남짓에 불과하다.

하단: 2011년에 발사된 아틀라스 5호(Atlas V) 로켓.

후쿠야마 이후에는 우주왕복선을 사용하지 않고 더 저렴한 비용으로 로켓을 발사하는 것이 보편화되었다.

이를 위해 다양한 유형의 로켓이 사용되었는데, 이들 로켓에는 델타 4000Delta 4000, 델타 III, 페가수스Pegasus, 상업용 타이탄 3호Titan III, 아틀라스 1호Atlas I 및 아틀라스 2호Atlas II, SM-65E 아틀라스 등이 있다.

그리 알려지지 않은 아테나Athena와 미노타우르-CMinotaur-C/타우루스Taurus나 스카우트Scout 로켓 같은 초창기에 생산된 모델도 계속

사용되었다. 이들 로켓의 평균 발사 비용은 완전히 장착된 우주왕복선보다 훨씬 저렴했다. 그래서 대다수 위성이나 과학 및 군용 탑재물은 이러한 무인 로켓을 통해 발사되었다.

NASA가 개발한 이러한 느슨한 종류의 로켓과 우주선으로 우리는 우주 비행의 새로운 미래를 엿볼 수 있었다. 그리고 여기에 기대를 걸 만한 근거가 많았다. 1990년 봄, 허블 우주망원경이 발사되면서 우주 기반 천문학의 새로운 시대가 열렸다. 이후 제임스웹 우주망원경이 임무를 시작하기 전 2022년 여름까지, 여기에 필적할 경쟁 상대가 없었다. 1990년 말에는 마젤란 우주선Magellan spacecraft이 금성 전체 표면의 지도를 제작하는 임무를 시작했다. 그로부터 2년 후 첫 비행을 시작한 NASA의 우주왕복선 엔데버 Endeavor호는 1993년에 허블 우주망원경의 첫 정비 임무를 완수했다.

10년이 지난 후, 세르게이 크리칼료프Sergei Krikalev가 러시아 우주 비행사 중 최초로 NASA의 우주왕복선에 탑승하면서 우주 탐사 경쟁에서 미국의 우월한 위상을 국제적으로 입증해 보였다. 하지만 2010년대에 들어 미국의 우주왕복선 계획이 전면 중단되면서 미국의 우주 비행사들이 어쩔 수 없이 러시아의 소유즈Soyuz 우주선에 탑승하게 되었으니 참으로 아이러니하다.

다시 1990년대로 돌아가 보면, 1995년 12월에는 갈릴레오 탐사선이 목성 궤도에 진입하면서 우리는 목성에 대한 전례 없는 수준의 과학적 데이터를 얻었다. 1997년에는 NASA의 패스파인더Pathfinder 무인 탐사선이 화성 표면에 착륙해서 달 너머의 우주에서 작동하는 최초의 탐사 로버인 소저너Sojourner의 기지 역할을 수행했다. 냉전의 후예들은 태양계를 NASA와 그 협력자들의 거대한 실험실로 생각하기 시작했다. 이 시기는 우주 공동체에 희망이 가득한 낙관의 시대였다.

국제우주정거장ISS은 미국이 주도하는 우주 활동에서 중요한 역할을 했다. 이를 통해 여러 나라가 협력하여 우주에서 연구와 탐사를 이루고자 했다. 우주정거장의 첫 모듈이 1998년에 러시아의 프로톤Proton 로켓에 탑재되어 지구 둘레 저궤도(지상에서 200~2,000킬로미터 고도에서 지구 둘레를 도는 궤도-옮긴이)에 오르면서, 지구상에서는 끊임없이 이해관계로 대립하지만 적어도 우주에서만큼은 여러 국가가 통합할 수 있는 범세계적인 노력의 미래를 공고히 다졌다.

자랴Zarya 제어 모듈이라 불린 첫 번째 부속품은 우주정거장에 배터리 전원과 연료 저장 기능을 지원했을 뿐만 아니라, 이 모듈로 소유즈와 프로그레스Progress호가 우주정거장과 도킹(우주선과 위성 사이를 통로로 연결하는 것-옮긴이) 및 랑데부(도킹을 포함해 우주상에서 이루어지는 모든 형태의 선체 간 접촉-옮긴이)할 수 있게 되었다. 첫 모듈이 발사된 지 불과 2주 만인 1998년 12월 4일에는 미국이 온전히 제작한 첫 부속품을 쏘아 올렸다. 이 모듈의 이름은 유니티 노드 1Unity Node 1이다. 자랴 모듈과 연결되면서 공동 우주 탐사 최초로 역사적 첫걸음을 내디뎠다. 비록 2000년 11월 2일 이전까지는 우주정거장에 우주 비행사가 상주할 수 없었지만, 이 정거장은 향후 20년 동안 유인 우주 임무의 수준을 보여 주는 상징이 되었고, 이는 사

하단: 금성 표면을 레이더로 탐색하는 마젤란 우주선의 상상도.
오른쪽: 우주 비행사 제프리 호프먼(Jeffrey Hoffman)과 스토리 머스그레이브(Story Musgrave)가 우주 유영(space walk)을 하며, 허블 우주망원경의 수리 작업을 수행하고 있다.

람들에게 경외심과 불안감을 동시에 안겨 주었다.

우주정거장을 기반으로 수많은 획기적인 과학적 발견이 있었다. 그중에는 '보즈-아인슈타인 응축물Bose-Einstein condensate'이라는 물질의 다섯 번째 상태를 최초로 궤도 내에서 구현해 내기도 했다. 또한 과학자들은 우주에서 알려지지 않은 미생물을 식별하여, 앞으로 지구-달 시스템 너머를 탐험할 미래의 우주 비행사들을 위해 우주에서도 현장 연구가 가능하다는 사실을 입증했다. 암이나

잇몸 질환과 같은 여러 질병의 치료법 개발에 새로운 영역을 개척하면서 약물 연구 분야에서도 상당한 진전을 이루었다. 다만 궤도상의 우주정거장에서 이루어지는 모든 과학적 발견이 중요하지만, 그것만으로 실체적인 우주의 신비를 이해하는 데는 한계가 있다.

그동안 인류는 달 너머 최후의 개척지인 화성에 이르기 위해 여러 계획을 세워 왔다. 하지만 이들 계획은 NASA가 실제로 추진할 만한 실현 가능성을 증명하기에는 결함이 많았다.

NASA가 진행한 아폴로 계획의 수석 엔지니어였던 베르너 폰 브라운Wernher von Braun은 화성에 도달하는 계획을 세우고 화성 프로젝트Das Marsprojekt라고 이름 붙였다. 그러나 NASA가 우주왕복선 및 국제우주정거장 건설로 사업 방향을 전환하면서 이 프로젝트는 묻히고 말았다.

화성 탐사 계획 가운데 NASA의 '90일 연구'는 우주 탐사 계획을 고안하여 우주 공간에 여러 형태의 거주지 및 운송 수단 개발을 추진해서 새로운 우주 인프라를 구축하자고 제안했다. 달에 건설된 영구 기지 위 상공에 우주정거장을 설치하고 화성 탐사의 임무를 완수한다는 계획도 들어 있었다. 그러나 이후 NASA의 행정부가 전면 교체되면서 이 계획 역시 무산되었다.

무엇이 문제였을까? 20년이 훌쩍 넘는 기간과 더불어 1989년 기준으로 4,500억 달러(594조 원)라는 막대한 비용이 걸림돌로 작용했다. NASA의 고질적인 문제 가운데 하나는 어떠한 프로그램이든 그 실행에 관해 미 의회가 수시로 말을 바꾸는 변덕스러움에서 기인했다. 대통령이 새로운 우주 정책을 내놓아도 예산 부족 같은 이유로 우주 탐사보다 다른 관심 사안이 우선시되었다.

게다가 운송 수단에 문제가 있었다. 1990년대에는 미국에서 사람을 대기권 밖으로 실어 나를 수 있는 우주선 가운데 재사용할 수 있는 기종은 왕복선이 유일했다. 비록 이것은 설계상의 문제이기에 왕복선은 재사용 면에서 성공적인 단계에 있으며 보다 지속 가능한 사업임을 내세웠지만, 애초에 왕복선은 달과 화성에서의 임무를 목적으로 설계된 것이 아니었다. 물론 새턴 5호Saturn-V형 로켓은 지구 궤도 너머의 임무를 수행할 수 있을 만큼 강력한 발사 능력을 갖추었다. 그러나 아폴로 시대의 로켓들은 재사용이 불가능했고, 임무를 수행하려면 더 큰 비용이 들 수밖에 없었다.

따라서 우주여행의 기본, 즉 이 모든 것을 가능하게 한 로켓 기술로 돌아가야 했다. 1993년에 NASA는 재사용 가능한 우주선을 처음으로 자체 개발했고, 이 우주선은 델타 클리퍼 실험선DC-X, Delta Clipper Experimental이라 명명되었다. 이 우주선의 첫 시험 비행은 그해 8월 18일에 뉴멕시코의 화이트 샌즈 우주 공항White Sands Space Harbor에서 진행되었는데, 59초간의 저공비행이었다. 45미터 높이의 이 우주선으로 1996년 한 해 동안 단거리 시험 비행을 11회나 더 진행하면서 재사용 가능한 우주선이 지구 저궤도를 운행할 수 있다는 사실이 입증되었다. 결국 미군과 NASA 모두 DC-X 프로그램을 폐기하기는 했지만, 이 실험을 통해 언젠가는 서구의 주요 우주여행 수단으로 저렴하고 재사용 가능한 우주선이 우주왕복선을 대체할 수도 있음이 상징적으로 증명되었다.

또한 비용은 1억 달러 미만으로 추정되었으며, 재사용이 불가능

하단: NASA의 소저너 로버가 화성에서 패스파인더 우주선으로부터 분리될 준비를 하고 있는 광경.
오른쪽 상단: 새턴 IB 로켓 앞에 선 베르너 폰 브라운. 그는 NASA의 황금 시대에 활동한 지적 설계자이다.
오른쪽 하단: 2011년 우주왕복선 디스커버리호가 플로리다의 케이프 커내버럴 케네디우주센터에 착륙하고 있다.

스페이스X의 비밀

왼쪽: 1969년 7월 16일 오전, 새턴 5호에 탑재된 아폴로 11호가 케네디우주센터에서 발사되고 있다. 탑승한 우주 비행사는 닐 암스트롱(Neil Armstrong), 마이클 콜린스(Michael Collins), 에드윈 올드린(Edwin Aldrin)이었다.
상단: 뉴멕시코 발사장에서 NASA의 DC-XA(델타 클리퍼)가 세 번째 단기 비행을 마치고 착륙하고 있다.

했던 당시의 일반적인 로켓 및 우주선 제작 기술을 크게 능가했다. 이는 새로운 세대를 위한 길을 열어 주었다.

하지만 그러한 기술이 마련되었어도 관료적인 미 정부와 그들의 정책을 따를 수밖에 없는 NASA로서는 새로운 유인 우주 프로그램에 대한 어떠한 약속도 할 수 없는 상태였다. 미래의 우주 프로그램이 정부의 불안정한 재정 지원이라는 살얼음판을 벗어나려면 재정 면에서 독립성을 갖추고 자립적인 조직으로서 과감함을 보여줄 필요가 있었다.

여기에 적합한 용어가 있다. 바로 민간 항공우주 기업이다. 하지만 이 문제에 대한 해법을 찾아내기에 앞서, 누군가가 나서서 초기 연구, 계획 수립, 공학 설계, 로켓 제조, 테스트 등을 위한 자금을 마련해야 했다. 그리고 믿기 어렵겠지만, 이 모든 것이 전자지갑 플랫폼 기업 페이팔PayPal에서 시작되었다.

지구상에서는

끊임없이 이해관계로 대립하지만,

적어도 우주에서만큼은

여러 국가가 통합할 수 있는

범세계적인 노력의 미래를 공고히 다지고 있다.

1.

압도적
경쟁력

1965년 12월 제미니(Gemini) 6호 우주선에서 촬영한 제미니 7호 모습.
두 우주선 모두 궤도 운행 중이며 서로 약 13미터 떨어져 있다.

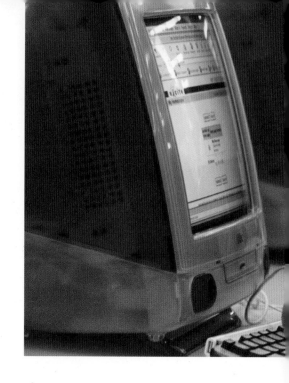

경제 정책 연 구 소 의 2002년 논평에 따르면, 1990년대 후반의 미국 사회는 고용과 임금, 생산성이 빠르게 상승한 시기였다. 주식 시장이 호황을 맞으면서 초창기 인터넷 기술이 과대평가되어 닷컴버블(인터넷 관련 기업들에 거품이 낀 현상-옮긴이)이 한창이던 시기였다. 당시 인기 있던 〈버피와 뱀파이어Buffy the Vampire Slayer〉 같은 TV 드라마나 〈해커스Hackers〉 같은 영화에서는 컴퓨터에 정통한 괴짜를 현대 사회의 근간이 되는 디지털 인프라를 공격하는 만능 재주꾼으로 그려 냈다.

이들 작품에는 권력자들로서는 가늠하기조차 어려운 소프트웨어를 이용해 사회 조직망을 교란시켜 손쉽게 세상에 사회적 혼란을 불러일으키는 나이 어린 해커가 등장해 첨단 기술의 미래에 대한 비전을 제시한다. 한마디로 1990년대 말은 역설의 시대였다. 그러나 과열 투자의 거품 속에는 향후 수십 년간 인류의 경제생활을 꽃피울 선진적인 상업 제품들의 씨앗이 들어차 있었다. 페이팔은 원래 컨피니티Confinity라는 이름으로, 맥스 레브친Max Levchin과

상단: 1998년 애플 제품 전시회에서 선보인 애플의 아이맥.
하단: 페이팔의 전 CEO 피터 틸(왼쪽)과 창업자 일론 머스크(오른쪽). 이 두 사람은 세상의 많은 부분을 오늘날 우리가 알고 있는 형태로 바꾸어 놓았다.

피터 틸Peter Thiel(팬데믹이 한창이던 2020년에 맨해튼 다임스스퀘어의 반체제 예술가 및 지식인 그룹에 자금을 댔다는 루머가 있었던 바로 그 억만장자다)이 설립했다.

페이팔, 즉 컨피니티는 참신한 송금 플랫폼으로 1999년에 설립되어 2002년 이베이eBay에 15억 달러에 인수되면서 주류로 떠올랐

다. 그런데 인수되기 전 일론 머스크의 엑스닷컴X.com과 이 신생 온라인 보안 결제 플랫폼인 컨피니티가 합

병하면서 틸과 함께 사명을 페이팔로 변경했다. 비록 회사의 매각 자체는 중요한 거래였지만 기업의 발전 방향을 둘러싼 논쟁이 분분했다. 당시 CBS는 엑스닷컴과 컨피니티의 합병을 1999년의 '최악의 사업 아이디어' 중 하나로 선정해 보도했다. 결국 머스크는 2000년 신혼여행 중에 페이팔의 CEO 직위에서 해임당하기까지 했다(이때 틸이 후임 CEO를 맡았다).

사업 초기에는 혼란스러운 상황이 비일비재했음에도, 닷컴버블의 열풍에 이어 밀레니엄 시대의 막이 오르고 미국의 경기 침체가 시작되었다. 뒤이어 9·11 테러가 발생하는 상황 속에서 현재 상징적인 입지를 구축한 많은 사업체가 그때 등장했다.

1994년 7월 5일, 제프 베이조스Jeff Bezos는 오늘날 온라인상에서 불법 제품이 아니라면 거의 무엇이든 주문만 하면 배송해 주는 막강한 거대 기업 아마존을 설립했다. 초창기의 아마존은 온라인 서점에 불과했지만, 전자 상거래 분야에서 불굴의 능력을 갖추기 위해 회사 규모를 확장시킨 베이조스의 전략으로 급격한 성장을 이루었다. 베이조스는 거대 기업 제국을 통해 일구어 낸 막대한 자금으로 마침내 항공우주 사업을 시작했다. 다만 우주 탐험을 향한 베이조스와 머스크의 여정에서 굳이 다른 점을 꼽으라면, 이들 억만장자의 야망이 어디에 있는가이다. 궁극적으로 지구상에서 부를 축적하는 데 있는가, 아니면 최후의 우주 개척자가 되려는 데 있는가?

머스크의 좌충우돌 초창기 인생

머스크는 1971년 6월 28일 남아프리카 공화국 프리토리아에서 메이 머스크Maye Musk와 에롤 머스크Errol Musk 사이에서 태어났다. 머스크는 삼남매 중 장남으로, 그의 아버지는 엔지니어였고 어머니는 영양사이자 모델이었다.

1980년에 부모님이 이혼하면서 일론은 유년기의 대부분을 아버지 에롤 머스크와 보냈다. 《롤링스톤Rolling Stone》과 나눈 인터뷰에서 머스크는 자신의 아버지에 대해 이렇게 말했다.

"끔찍한 인간입니다…. 당신들이 상상할 수 있는 거의 모든 악행을 저질렀어요."

애슐리 반스Ashlee Vance가 2015년에 집필한 머스크의 전기, 『일론 머스크, 미래의 설계자』에 따르면 심지어 다음과 같은 내용도 나온다.

머스크는 2011년 '전설적인 지도자상'을 수상하는 자리에서 "저는 끔찍한 가정환경에서 자랐습니다."라고 말했다. 다른 많은 성공한 인물이 그랬듯이 머스크는 어린 시절 공립학교에 다니지 않았다. 그는 영어권 사립 초등학교를 다녔고, 이후 프리토리아 남자 고등학교를 졸업했다. 하지만 머스크는 그다지 인기 있는 소년이 아니었고, 친구들과 어울리기보다 독서에 관심이 많았다.

"그 녀석들은 저와 제일… 친한 친구를 이용해서 숨어 있는 저를 끌어내 폭행했어요. 그게… 상처였죠."

"왜 그랬는지 그 녀석들은 저를 먹잇감으로 지목해서 끊임없이 뒤쫓았어요."라고 머스크는 덧붙였다.

"자라면서 그게 참 힘들었습니다. 수년 동안 숨 쉴 틈이 없었어요. 학교에서는 저를 두들겨 패려는 불량한 무리들에게 시달렸는데 집에 돌아온들 끔찍하기는 매한가지였어요."

이렇듯 경제적으로는 특권을 누리면서도 사회적으로는 열등한 위치라는 흔치 않은 조합에 험악한 집안 분위기까지 더해졌지만, 그렇다고 해서 머스크는 위축되지 않았다. 그는 10세 때 코모도어 VIC-20(Commodore VIC-20, 1970년대에 출시된 개인용 컴퓨터의 초기 모델-옮긴이)로 프로그래밍 코드를 작성하는 법을 배웠다. 그리고 코모도어를 사용해 스페이스 인베이더Space Invaders(1978년에 출시된 아케이드 게임-옮긴이)와 비슷한 비디오 게임을 만들어, 베이직 언어로 작성된 게임 코드를 《PC와 오피스PC and Office》라는 잡지사에 팔아 500달러를 벌었다.

이후 머스크는 캐나다로 이주해서 어머니와 함께 지내며 캐나다 시민권을 얻었고, 온타리오주 킹스턴의 퀸스 대학교에 진학했다. 퀸스 대학교에서 2년간 학업에 열중한 후 미국의 펜실베이니아 대학교로 편입했는데, 그곳에서 머스크는 복수 전공으로 학업을 이어나가면서도 비밀리에 나이트클럽을 운영할 목적으로 남학생 사교클럽으로 쓰이던 침실 열 개짜리 주택을 친구와 공동명의로 구입했다. 그 덕분에 머스크는 물리학과 와튼스쿨의 경제학 학사 학위를 동시에 취득하며 졸업할 때까지 집세를 충당할 수 있었다. 이 두 전공의 조합은 그가 사업가이자 로켓 개발업체의 CEO로서 사고하는 데 영향을 미쳤다. 훗날 머스크는 TED 강연에서, 그러한 경험은 "생각의 틀을 갖추는 데 도움이 된다. (…) 논증을 할 때 일종의 기본 원칙 같은 것"이며 "유추를 이용한 논증과 달리, 근본적인 진리에 도달할 때까지 파고든 다음 거기서부터 논증해 나가는 방식은 (…) 물리학적 접근 방식을 적용해야 한다."라고 덧붙였다.

머스크는 24세가 되던 해에 캘리포니아로 이주했고 스탠퍼드 대학교 응용물리학 박사과정에 들어갈 생각이었다. 당시 그는 대중의 관심이 온라인을 활용한 모든 것에 쏠리고 있다는 점에 주목했다. 1990년대는 온라인을 아직 '월드와이드웹World Wide Web, WWW'이라 부르던 시절이었는데, 머스크는 음성학적인 과용에 반기라도 들고 싶었는지, 1만 5천 달러를 투자해서 Zip2라는 2음절 이름을 붙인 온라인 소프트웨어 회사를 설립했다. 이 회사는 인터넷을 기반으로 도시 정보를 뉴스레터 업체에 제공하는 획기적인 방식으로 개선했다.

몇 년 후인 1999년에 컴팩 컴퓨터사Compaq Computer Corporation는 3억 4,100만 달러에 Zip2를 인수했다. 이로써 머스크는 핀테크에 중점을 둔 또 다른 짧은 음절의 벤처기업, 엑스닷컴을 설립하기 위한 자금을 확보하게 되었다.

수십억 달러짜리 사업을 하는 데 음절 수를 따지는 건 그리 중요하지 않다고 생각할지도 모른다. 그러나 머스크는 그렇지 않았다.

하단: 학회 기조연설 중인 일론 머스크.

2017년에 페이팔로부터 엑스닷컴의 지분을 도로 사들였는데, 그 이유 또한 엑스닷컴이 자신에게 '대단히 정서적인 가치'를 지녔기 때문이라고 트위터에서 밝혔다.

엑스닷컴은 피터 틸이 운영하던 컨피니티와 합병하면서 대중의 주목을 받았다. 이후 틸이 머스크를 회사에서 내보냈음에도 머스크는 이베이가 페이팔을 인수할 때 페이팔 주식의 11.7퍼센트를 순조롭게 손에 넣었다. 2018년 《판도 데일리Pando Daily》와의 인터뷰에서 머스크는 "페이팔의 주식으로 제가 배당받은 금액은 세후 약 1억 8천만 달러였습니다."라고 말했다. 해당 인터뷰에서 머스크는 이렇게 덧붙였다.

"그 수익금 중 약 1억 달러를 스페이스XSpaceX 사업에 투자했고, 7천만 달러는 테슬라에 투자했죠. 나머지 1천만 달러는 솔라시티SolarCity에 들어갔어요. 그래서 저는 집세를 내려고 정말이지 대출을 받아야 했죠."

그런데 잠깐, 닷컴 광풍에서 출발한 머스크가 어떻게 차세대 운송 수단, 에너지 및 우주여행 관련 기업을 소유하게 되었을까? 단순히 무에서 창조된 것도 아니었고 그는 이 모든 기업을 직접 설립하지도 않았다. 2004년에 머스크는 630만 달러로 당시 테슬라 모터스Tesla Motors라고 불리던, 오늘날 우리 모두가 아는 전기자동차 업체의 초기 투자자가 되었다.

테슬라의 전기자동차에서 2022년 트위터를 인수하기까지, 그리고 인류를 중노동에서 해방시키겠다는 오픈AI의 목표로부터 현실 세계에 대한 인간의 인식에 디지털 세계를 포함시키겠다는 뉴럴링크Neuralink의 목표에 이르기까지, 머스크는 향후 수십 년간 지구상에서 가장 중추적인 산업이 될 가능성이 큰 분야의 선두에 서 있다. 다만 그가 보유한 기업들이 제시하는 해법이 21세기 초반의 기술을 혁신한 것인지 아니면 그저 사람들이 예전과 다른 대안을 선택하게 하는 데 지나지 않는 것인지는 아직 결론이 나지 않은 문제다.

2008년 10월, 머스크는 결국 테슬라의 CEO가 되어 자동차 업계에 일대 혁신을 일으켰고, 테슬라는 포드, 제너럴모터스, 닛산, 혼다 같은 세계 최강의 자동차 제조사의 경쟁업체로 부상했다.

테슬라는 태양 에너지 산업에서도 대단한 영향력을 가지게 되었다. 2023년, 테슬라는 테슬라 파워월Powerwall과 파워월플러스Powerwall+라는 두 종류의 태양 전지를 출시했다. 이 글을 쓰는 현재, 테슬라 파워월은 단품 가격이 1만 1,500달러인데, 이 가격은 추가 기능 및 설치 지역에 따라 대폭 상승할 수 있다. 머스크는 우주 개발에 투자한 것은 물론이거니와 지구상에서도 닷컴 열풍으로 얻은 수익을 발판 삼아 향후 열풍을 일으키게 될 산업인 재생 가능한 에너지 산업에 투자했다.

미래의 억만장자에게 적합한 시장

지구를 살리기보다는 이윤 축적에만 관심이 있는 기업가들이 지극히 초기 단계의 기술만으로 스타트업을 시작한다. 여기에 많은 투자자가 막대한 자금을 투자해서 재생 가능 에너지 산업에 거품이 끼었다는 이야기를 하려는 것이 아니다. 다만 이는 그리 틀린 말은 아니다. 미국에서는 자격을 갖춘 재생 에너지 산업에 대해 재생 가능한 전기 생산 보조금PTC, 투자 보조금ITC, 주거용 에너지 공제, 가속 감가상각법MACRS과 같은 연방 정부의 세제 혜택이 주어진다.

사실상 세제 혜택(혹은 보조금)을 받는 재생 에너지 기업 중에는 탄소 배출을 오히려 증가시키거나 화석 연료를 사용하는 기업의 자회사인 경우가 많다. 《패스트컴퍼니Fast Company》의 보도에 따르면, 이러한 많은 기업이 심지어 화석 연료 사용에 대해서도 세금 보조를 받는다. 기업들이 이렇게 화석 연료와 재생 에너지 사업을 이중적으로 벌이는 행태를 두고, 혹자는 에너지 업계에서 보다 지속 가능한 에너지 모델이 서서히 증가하고 있음을 보여 주는 신호라고 말할 것이다. 하지만 다른 관점으로 보면 그야말로 꿩 먹고 알 먹는 격이다. 미국이든 그 외의 국가에서든 시장을 장악한 기업, 사회 기반 산업, 금융, 에너지 분야에서 이런 사례는 비일비재하다.

그리고 복잡한 산업 환경에서 이러한 이중적 기업의 행태에 빗대어 보면 일론 머스크가 정부 관행에 대해 기민하게 대처하는 것

상단: 2006년 7월 테슬라 모터스가 첫 선을 보인 전기자동차 로드스터(Roadster).

으로 보일 수 있다. 왜냐하면 '재생 가능한' 에너지 산업에 겉치레로 투자함으로써 대중적 이미지를 개선하려는 기업을 상대로 빈말만 해대며 얄팍한 허울을 유지하는 연방 정부의 일관성 없는 관행때문에 오히려 거대 정유회사나 여타 환경적으로 유해한 업체가보호받고 있는 상황이기 때문이다. 그러나 테슬라는 정부 보조금을 완전히 조기 상환했다고 머스크가 거듭 주장해 왔는데, 이 점은높이 평가받아 마땅하다.

이러한 그의 주장은 사실이다. 실제로 미 에너지국은 테슬라가4억 6,500만 달러의 대출을 9년 일찍 상환했다는 이유로 심지어과징금을 부과했다.

그리고 민간 항공우주 기업의 수장으로서 머스크의 성장세와 비교하면 에너지 산업 분야에서의 머스크는 그림자가 되는 것이다.머스크가 받은 페이팔의 배당금 가운데 가장 큰 몫인 1억 달러는2002년 그가 우주 탐사 기업(스페이스X)을 설립하는 데 들어갔다.2000년대 말에 머스크는 미국 내에서 전략적으로 가장 중대한 일부 산업으로 눈길을 돌렸다. 머스크는 일련의 기업들을 소유하면

Twitter Notes

트위터 노트

머스크가 트위터를 인수해 명칭을 '엑스(x)'로 바꾼 이후 커뮤니티 노트 (Community Notes)의 기능은 주류 언론 기사의 사실관계를 확인하는(혹은 적어도 정확도의 부실함을 지적하는) 새로운 역할을 하게 되었다. 2022년 현재 단 여섯 개 기업이 대중매체의 90퍼센트를 소유하고 있다. 엘리트 계층이 수익을 내는 데 유리하도록 사회적 공감대를 형성하는 행위는 당연히 언론의 객관성을 직접적으로 위협한다. 적어도 지난 10년간 이런 미디어의 보도에 제동을 거는 합법적 방안은 분명 부족했다. 다만 트위터의 커뮤니티 노트가 객관적인 시각과 융합될 수 있을지는 전적으로 다른 문제다.

덧붙이자면, 머스크가 트위터를 인수하면서 소셜 미디어 사이트의 명칭을 '엑스'로 변경했지만 이 책에서는 계속 엑스 및 엑스의 포스트를 '트위터' 및 '트윗'이라고 칭할 것이다. 왜냐하면 이 책에서 다루는 대다수 사건은 트위터의 인수 협상이 마무리되기 전에 일어났기 때문이다. 트위터가 무엇인지 모르는 시대에 이 책을 읽고 있는 독자라면, 그저 부러울 따름이다.

상단: 1961년 첫 우주 경쟁에서 자국의 성공을 기념하며 제작된 소련의 선전 포스터. 포스터의 문구를 해석하면 '평화와 진보의 이름으로!'이다.
하단: 테슬라의 차량은 '파워월'로 충전한다.

서 비록 직접 전면에 나서서 경영하지는 않았지만, 그는 경영학에서 '불공정한 경쟁 우위unfair advantage'라는, 이른바 기업이나 조직이 서비스나 사업을 제시했을 때 애초에 그에 맞선 경쟁 자체가 불가능한 수준으로 알려진 영향력을 갖추게 되었다.

오랫동안 우주는 기업 성장의 장으로 여겨지기보다는 초강대국들이 상징적인 차원에서 서로 선점하려고 힘을 겨루는 영역이

었다. 자국의 위대함을 보여 주기 위해 이 영역에 비용을 부담했던 지구상의 국가들은 우주 공간에서 인류가 이룬 성취의 주요 기준점에 대한 권리를 주장해 왔다. 하지만 사실상 최초의 우주 경쟁이라고 알려진 미국과 소련의 경쟁에서 우리는 소련에 대해 미국의 불공정 경쟁 우위가 어떠했는지 그 완벽한 예시를 볼 수 있다.

일론 머스크의 궁극적인 사업 전략은 신생 에너지, 운송, 정보 산업 전반에서 불공정 경쟁 우위 확보를 목표로 삼는 것이었다. 최근 수년간 이 세 분야의 글로벌 시장 규모를 살펴보면, 신생 에너지 산업이 1조 9천억 달러, 운송 산업이 1조 1,600억 달러, 정보 산업이 4,500억 달러에 달한다. [각 데이터는 순서대로 국제에너지기구IEA, 지피아Zippia(미국의 취업 정보 제공 사이트-옮긴이), 비즈니스 와이어Business Wire(보도자료 배포 서비스 업체-옮긴이)의 보도자료를 인용했다.] 물론 일론 머스크는 두말할 나위 없이 이들 산업의 글로벌 시장을 독점하지도 않았고 앞으로도 그러지 않을 것이다.

다만 어떻게 한 개인, 비록 유복한 집안 출신이라고 해도 이 민간 우주선 발사라는 완전히 새로운 산업을 키워 내고 개척할 수 있었는지를 이해하려면 우선 그가 소유한 유동 자산의 규모에 주목해야 한다.

우주 경쟁과 NASA의 '불공정한 경쟁 우위'

비교하자면, 최첨단 산업에서 독보적인 장악력과 외견상 무한한 자금력으로 불공정 경쟁 우위를 추구하는 마지막 주체는 미국이다. 제2차 세계대전의 뒤를 이어 '철의 장막'이 유럽 전역에 드리워지며 동유럽과 서유럽으로 분열하자 미국과 소련 간의 불안정한 동맹은 냉전 체제로 서서히 접어들었다. 이어지는 반세기 동안, 이전 세계적인 분열은 재료 과학부터 스파이 활동까지, 핵무기에서 로켓공학까지, 그리고 인류의 우주 탐사에 이르기까지 인류의 가장 실험적인 기술 전반에 경쟁의 불을 지폈다.

치열한 우주 경쟁의 초반, 미국은 소련에 뒤처지지 않으려고 고군분투했다. 하지만 결국 1957년 10월 4일 소련이 세계 최초로 우주 탐사 로켓 스푸트니크 1호Sputnik 1를 쏘아 올렸다. 알려졌다시피 이 일로 미국을 비롯한 서구 전역의 시민들은 크게 동요했다. 왜냐하면 매카시즘McCarthyism(1950~1954년 미국을 휩쓴 일련의 반공산주의 선풍-옮긴이) 열풍 속에 '공산주의의 위협'으로 여기던 상대가 혁신에서 세계의 선두를 차지한 데다가 그 격차가 더욱 커지고 있음을 보여 주는 반박할 수 없는 증거였기 때문이다. 이 탐사 위성이 지구 반대편의 소련에 기본적인 데이터를 전송하면서 내는 삐삐거리는 소리는 뉴욕의 라디오에도 잡혔다. 물론 그 위성은 누구에게도 아무런 위협을 가하지 않았고, 미국이나 미국의 동맹국들을 제대로 원격 감시할 수 있는 기능도 없었다.

그러나 상징적인 목표는 충분히 달성되었다. 그로 인해 미국은 1년 후인 1958년 10월 1일 NASA를 설립해 자금을 쏟아부으며 연구를 재촉했다. NASA는 설립 당시부터 1억 달러의 자금을 지원받아 여러 시험 시설에 8천 명의 직원을 배치했다. NASA의 공식 웹페이지의 블로그 포스트에는 다음과 같이 적혀 있다.

NASA는 다른 관련 기구들을 빠르게 통합했다. 그중에는 메릴랜드 미 해군 연구소의 우주 과학 그룹, 군사 목적으로 캘리포니아 공과대학교가 운영하던 제트 추진 연구소, 그리고 베르너 폰 브라운이 이끄는 엔지니어 팀이 대형 로켓 개발에 몰두하던 앨라배마 헌츠빌의 탄도 미사일국이 포함되었다. […] 결국 NASA에 다른 부설 기관들도 설립되어 오늘날 미 전역 10개 지역에 부설 기관이 있다.

NASA는 X-15 프로그램을 진행하면서 매우 인상적인 모델을 하나 개발해 냈다. X-15는 굉장히 높은 고도 및 엄청난 속도(마하 6.7의 속도와 고도 약 108킬로미터)를 기록한 로켓 구동 항공기다. 이 항공기는 최대 고도에 이르고 나면 동력을 많이 소모하지 않고 서서히 지구 표면을 향해 활주(관성서행)하는 방식이다. 1950년대 후반, X-15는 초음속 항공 기술 운용 방법에 관한 핵심 연구들, 즉 우주 사업의 미래를 여는 열쇠가 될 정보가 모두 집약된 결과물이었다.

1960년대에 들어서면서 NASA는 미 공군과 보잉 X-20 다이나소어Dyna-Soar와 같은 합작 프로젝트를 대대적으로 진행했다. 이 항공기는 지구 궤도를 따라 운행하며 미국 항공우주 비행 사업을 위한 선제적 시험 비행을 수행할 목적으로 제작되었다. 이로써 우주여행으로 향하는 중대한 시작점인 극초음속 비행으로 연구 속도를 진전시킬 수 있었다. 이 항공기 시리즈를 통해 NASA는 전문적인 초고속 비행 조종술까지도 보유하게 되었다.

항공기의 날개 유무에 따라 서로 다른 개발 방식과 혁신이 존재했지만, 소련의 우주 개발 사업을 뛰어넘기 위해 NASA는 머큐리 계획Mercury program을 시행했다. 1961년 5월 5일, 앨런 셰퍼드Alan Shepard는 15분간의 준궤도 비행(우주 경계선인 고도 80킬로미터 혹은 100킬로미터까지 올라갔다가 내려오는 비행-옮긴이)에 성공하면서 지구의 대기권 밖으로 벗어난 최초의 미국인 우주 비행사가 되었다.

그러나 이미 소련이 최초의 인류를 우주로 보낸 지 한 달가량 지난 후였다. 이 최초의 우주 비행사는 바로 유리 가가린Yurii Gagarin이다. 가가린은 1961년 4월 12일에 러시아의 보스토크 1호Vostok 1의 캡슐에 탑승해 우주로 향했다. 이듬해인 1962년 2월 20일에 존 글렌John Glenn은 지구 궤도를 비행한 최초의 미국인 우주 비행사가 되었다.

머큐리 계획을 통해 총 6대의 탐사선이 제작되었고, 후에 첫 번

상단: 1973년 카드 시리즈에 수록된 소련의 스푸트니크 1호 탐사위성(지구 궤도에 도달한 인류 최초의 탐사선)의 일러스트.
하단: NASA 창립 이튿날인 1958년 10월 1일, 보안 요원이 NASA 본부 정문 근처의 표지판을 바라보고 있다.

째 우주 경쟁이라고 알려진 이 시기 동안 미국은 선두인 러시아와의 격차를 엄청나게 좁혀 나갔다.

그다음으로 NASA는 선두를 차지하기 위해 제미니 계획project Gemini(Gemini의 뜻은 쌍둥이자리다-옮긴이)을 야심 차게 추진했다. 이 계획에서는 각 임무마다 두 명의 우주 비행사가 탑승할 수 있었다. 우주선은 총 10회 발사되었는데, 무중력이 인체에 어떤 영향을 미치는지에 관한 연구를 비롯해 대기권 재진입과 해상 착수를 위한 조종 기술, 궤도상에서 도킹하는 복잡한 절차를 습득하는 데 중점

상단: 1967년 캘리포니아 에드워즈 공군 기지 부근에서 공군 조종사 마이크 애덤 (Mike Adam)이 실험용 X-15 항공기 옆에서 포즈를 취하고 있다.

을 두었다.

제미니 계획 중 1965년 6월 3일에는 우주 비행사 에드 화이트Ed White가 캡슐 밖으로 나와서 최초로 우주 유영에 성공하기도 했다. 고작 몇 겹의 소재로 된 우주복만 입고서 우주의 끝없는 암흑으로 부터 몸을 보호하면서 어둠의 심연 속을 떠다니는 짧은 순간을 담은 장면도 남겼다. 그러나 여전히 미국은 러시아를 상대로 선두의 자리를 탈환하지 못했다. 러시아는 1965년 3월에 이미 우주 비행사 알렉세이 레오노프Alexei Leonov가 우주 유영에 성공했기 때문이다. 하지만 그 무렵 드디어 첫 우주 경쟁의 본격적인 시합이 한창 전개되고 있었다.

그보다 몇 년 전인 1961년 5월 25일, 미국의 존 F. 케네디 대통령의 가장 유명한 연설이 있었다.

"나는 우리나라가 10년 안에 인간을 달에 착륙시켰다가 무사히 지구로 귀환하는 것을 목표로 하는 과업에 전념해야 한다고 생각합니다."

연설은 요란한 박수갈채를 받았고, 산업체들과 미국인들의 애국심은 단일한 목표 아래 결집했다.

케네디 대통령의 연설을 순전히 과학적 혹은 인도주의적인 목적으로 이루어진 애국심의 발현이 숭고한 우주 탐사로 이어진 것이라고 낭만적으로 미화하고 싶은 충동이 들기도 한다. 그러나 우주 경쟁에 내포된 의의는 무엇보다도 더 넓은 범위의 냉전에서의 역할이었다. 아폴로 계획은 11년간 지속되었고 총 254억 달러(2023년 기준으로 2,581억 달러에 해당한다)가 투입되었다.

아폴로 계획으로 대통령이 제시한 도전 목표를 달성하기는 했지만, 달로 가는 여정에는 좌절과 비극이 가득했다.

1967년 1월 27일, 아폴로 1호의 캡슐에 우주 비행사들이 탑승한 상태에서 순수 산소로 가득 찬 캡슐 내부에 화재가 발생했다. 캡슐은 안쪽에서 신속하게 해치를 열 수 있는 장치가 없었다. 다시 말해 캡슐에 타고 있던 우주 비행사 세 사람은 탈출할 방도가 없었고 결국 세 사람 모두 사망하고 말았다.

1968년 10월, 마침내 아폴로 7호가 지구 궤도를 도는 데 성공하면서 아폴로호 사령선에 세 명이 탑승할 수 있다는 것을 증명했다.

상단: 다이나소어(다이내믹 소어링이라는 비행 기술에서 따온 이름-옮긴이)의 상상도. 미 공군 기지의 타이탄 2호 발사체 위로 발사되는 광경이다.
오른쪽: NASA의 머큐리 계획에 참여한 우주 비행사 일곱 명의 단체 사진. 1959년 4월 27일에 촬영되었다.
(앞줄 왼쪽부터)월터 M. '월리' 시라(Walter M. 'Wally' Schirra), 도널드 K. '디크' 슬레이튼(Donald K. 'Deke' Slayton), 존 H. 글렌 주니어(John H. Glenn, Jr.), 스콧 카펜터(Scott Carpenter), (뒷줄 왼쪽부터)앨런 B. 셰퍼드(Alan B. Shepard), 버질 I. '거스' 그리섬(Virgil I. 'Gus' Grissom), L. 고든 쿠퍼 주니어(L. Gordon Cooper, Jr.)

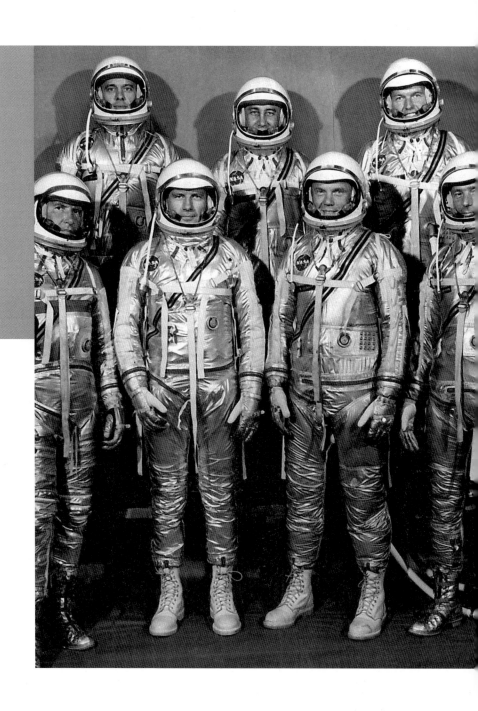

그해 말, 아폴로 8호는 크리스마스이브와 크리스마스 당일에 달 궤도를 도는 데 성공했다.

1969년 7월 20일, 두 명의 우주 비행사, 닐 암스트롱과 에드윈 '버즈' 올드린을 태운 아폴로 11호의 달 착륙 모듈이 달 표면에 착륙했다(마이클 콜린스는 달 궤도상의 본체에 남았다). 공식적으로 암스트롱과 올드린은 달 표면에 발을 디딘 첫 번째와 두 번째 인간이 되었다. 암스트롱은 사다리를 타고 달 표면에 내려와 유명한 말을 남겼다.

"이것은 한 인간에게는 작은 발걸음이지만, 인류에게는 위대한 도약이다."

이로써 미국과 NASA, 그리고 일련의 엔지니어링 업체들이 보유한 기술적 기량이 소련을 넘어섰으며, 지구 궤도 내의 상징적인 최고봉인 달을 정복함으로써 더 이상 넘어설 대상이 없음을 만천하에 알렸다.

막대한 돈과 노력을 쏟을 가치가 있다!

하지만 달의 정복으로 과연 우리는 무엇을 얻었는가? 대학 행정 관계자들이 자조적으로 마르고 닳도록 사용하는 표현을 되풀이해 보자면, 과연 주스를 쥐어짜 낼 만한 가치가 있었을까? 아폴로 11

호의 상징적 승리 이후에 많은 이들은 오로지 냉전 상황에서의 정치적인 경쟁(혹은 공정하게 말하자면, 아폴로 임무에 따른 엄청난 세금 부담)에만 관심을 두었고, 달에서 한가하게 산책이나 하게 하려고 인간을 달에 올려 보내는 것은 엄청난 자원 낭비라고 여겼다. 하지만 이는 순전히 오해였다. 왜냐하면 달로 떠나는 여정을 통해 수없이 많은 과학적 성과와 발견이 이루어졌기 때문이다.

그중 한 가지를 꼽으면, 달이 원시적으로 형성되지 않았다는 사실이다. 말하자면 달은 태양계의 형성이나 그 이전의 천체 활동에서 비롯된 잔여물이 아니라는 것이다. '우주 지상군을 배치'하면서 우리는 달을 구성하는 암석 재질은 과거 어느 시점에 여러 화산이 분출하면서 생성된 용암이 서서히 굳은 후, 운석과 빈번하게 충돌하면서 산산이 부서진 형질이라는 사실을 밝혀냈다.

게다가 달은 지구에 비해 그리 젊은 천체도 아니라는 사실도 알게 되었다. 달은 매우 오래된 천체로, 울퉁불퉁한 달 표면을 통해 달이 형성되던 초기 10억 년간 무슨 일이 있었는지 알 수 있다. 아폴로 계획 이전에는 과학자들이 달의 분화구나 그와 유사한 지구의 흔적들이 어떻게 생겨났는지에 대해 포괄적으로 이해하지 못했다.

아폴로 16호의 비행사들은 달의 고지대에서 채취한 '사장암斜長巖'이라 불리는 암석 표본을 가지고 귀환했다. 분석 결과, 암석의 나이는 대략 44억 6천만 년이라는 사실이 밝혀졌다. 지구상에서 가장 오래된 암석의 나이는 약 42억 8천만 년이다. 지구와 달의 암석 간의 구성 성분이 유사하다는 사실에서 두 천체가 공통의 기원을 가졌음이 드러난다. 즉, 원시 지구와 현재는 사라진 테이아^{Theia}라는 행성 간에 엄청난 충돌이 있었다는 것이다.

원시 지구의 거대한 덩어리가 우주 밖으로 떨어져 나간 후 오래지 않은 시점에, 초기의 달에는 마그마가 끓어오르는 거대한 바다가 존재했다. 아폴로 16호가 가져온 암석이 있었던 달의 고지대는 41~44억 년 전 그 지옥 같은 바다 표면을 떠다니고 있었다. 달의 표면이 점차 식으면서 표면층은 균일하지 않게 형성되었다. 그래서 지구와 마주한 면에 비해서 반대편은 9.5킬로미터에서 19킬로미터 정도 두꺼워졌고, 그 결과 달의 질량 중심은 비대칭적으로 지구에 가깝게 배치되었다.

아폴로 탐사를 통해 밝혀진 달에 관한 가장 주목할 만한 사실 하나는 표토^{regolith}라고 불리는 달 표면의 토양 성분에 수소가 함유되어 있다는 사실이다. 그러니까 미래에 건설할 전초 기지에 장기간 체류할 때 우리의 이웃인 달에서 연료를 생산할 수도 있을 것이다. 이제는 미국과 NASA가 신세계에 최초의 인류를 보내면서 달성한 '불공정한' 경쟁 우위가 비단 상징성에 그치지 않고 더욱 큰 의미를 지닌다는 점이 확실하다. 아폴로 계획으로 우리는 태양계 전체의 기원 및 개괄적인 형성 과정뿐 아니라, 지구와 달의 기원에 대한 이해도가 한층 깊어졌다. 우리는 두 세계에서 지질학적 변화와

화산 활동이 오늘날 우리가 살아가는 행성을 형성하는 데 어떻게 작용했는지 짐작해 볼 수 있었으며, 게다가 미래의 인류가 지구 궤도 너머에 정착할 경우 사용할 잠재적인 자원에 대한 정보까지 얻게 되었다.

물론 NASA의 목적이 단순히 다른 국가나 기관을 상대로 기선을 제압하려는 것은 아니었다. 여러 번에 걸쳐 달 착륙을 성공시킨 후, NASA는 상징적이면서도 공학 기술을 위한 임무로서 아폴로호를 궤도에 올려 보내 러시아의 소유즈 모듈과의 도킹을 시도했다. 이는 아폴로-소유즈 테스트 프로젝트Apollo-Soyuz Test Project라고 이름 붙여졌다. 두 우주선은 1975년 7월 17일 도킹에 성공했다. 이로써 서로 다른 국가에서 제작한 우주선들이 우주 공간에서 랑데부 및 도킹하는 과정에 대한 개념을 정립해 보였다.

이 임무에는 소련인 두 명과 미국인 세 명이 참여했다. 합체한 두 우주선은 이틀간 궤도를 돌았고, 한데 모인 우주 비행사들은 새로운 현실을 공고히 다지면서 함께 실험을 수행하고 기자회견을 열었다. 마침내 첫 번째 우주 경쟁이 공식적으로 종료된 순간이었다. 다만 1970년대에도 NASA는 무인 우주선으로 태양계 내의 달을 비롯한 다른 행성들에 대한 탐사를 이어 나갔다. 무인 우주선인 타이탄-센타우르Titan-Centaur 로켓을 개발하면서 NASA는 태양, 화성, 목성, 토성, 천왕성, 해왕성의 탐사를 수행할 수 있었다.

델타 로켓과 아틀라스-센타우르Atlas-Centaur 로켓은 우리의 지

식 및 태양계 내 인간의 도달 범위를 더욱 확장시켰다. 아폴로 계획 이후에 주목받은 주력 임무는 단연코 보이저 1호$^{Voyager 1}$와 보이저 2호$^{Voyager 2}$가 수행한 임무였다. 보이저 2호는 타이탄 3호 센타우르 7 로켓에 탑재되어 케이프 커내버럴 공군 기지의 발사단지 41호에서 발사되었다. 그로부터 몇 개월 후인 1977년 9월 5일에는 보이저 1호가 발사되었다. 보이저 계획으로 발사된 두 우주선은 이후 그 임무를 40년 이상 수행하는 중이다. (두 우주선이 비슷한 시기에 발사된 것은 우연이 아니었다. 1977년은 176년 주기로 드물게 나타나는 외행성 정렬이 있었던 해였기에 두 우주선은 경로상에 위치한 각 행성의 중력 도움을 받아 속도를 높이는 기술인 '슬링샷slingshot'이 가능했던 것이다.)

왼쪽: 초기 지구와 충돌하는 원시 행성을 묘사한 컴퓨터 생성 시뮬레이션. 그 결과 궤도로 방출된 물질에서 달이 형성되었다.
하단: 1969년 7월 20일, 달 표면에 꽂은 성조기 옆에 서 있는 우주 비행사 에드윈 E. 올드린 주니어(Edwin E. Aldrin, Jr.).

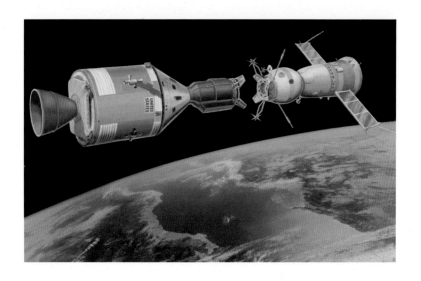

두 우주선이 목성과 토성 탐사라는 주 임무를 수행하는 동안, 목성의 위성인 이오Io에서는 여러 활화산이 포착되었고, 토성의 고리가 가진 복잡한 형태를 심도 있게 새로이 밝혀냈다.

보이저 1호는 1979년 3월 5일에 우리 태양계의 가장 거대한 행성인 목성 가까이 접근했고, 보이저 2호는 1979년 7월 9일에 목성 근처를 지나갔다. 보이저 1호는 1980년 11월 12일에 토성 부근을 통과했고, 뒤이어 보이저 2호가 1981년 8월 25일에 토성을 통과했다. 두 우주선은 목성과 목성의 다섯 개 주요 위성의 이미지를

총 3만 3천 장 이상 촬영해서 보내왔다.

줄기찬 성공 소식과 더불어 우리 태양계의 기원과 성장 과정에 관한 새로운 발견들이 이어진 덕분에 보이저 계획은 연장되었다. 보이저 2호는 천왕성과 해왕성을 근접 비행하며 중력 도움을 받았는데, 1986년 1월 24일에 천왕성에 가장 가까이 접근했고, 1989년 8월 25일에 해왕성에 가장 가까이 접근했다. 보이저 2호는 오늘날까지도 인류가 제작한 물체 중 이들 행성에 접근한 유일한 존재로 기록된다. 그 후 두 우주선은 태양계 외부를 향한 궤적에 따라 외행성 너머로 나아가 마침내 태양 영향권의 경계를 벗어나 먼 우주를 항해하게 되었다.

보이저 1호는 2012년에 태양권의 경계를 뚫고 나아갔다. 이후 인류가 제작한 물체 가운데 우리 태양계를 벗어난 최초의 물체가 되었다. 보이저 1호는 2023년 4월 지구로부터 225억 킬로미터 이상 떨어져 있다. 두 우주선에 설치된 대부분 장비는 전원이 꺼진 상태이지만 각 우주선의 원자력 전지는 여전히 전력을 공급하는 핵심 기능을 유지하고 있다.

그 덕분에 2021년에도 우리는 보이저 1호가 우주 공간에서 보내오는 희미하고 단조로운 윙윙 소리를 들을 수 있었던 것이다.

매혹적인 우주의 모습 속에서 과학자들은 허블 우주망원경이 전송해 온 사진을 이용해 깊은 우주를 날아가는 두 우주선의 경로를 추적했다.

보이저 1호는 나선형의 바깥 방향으로 궤적을 그리며 기린자리 방향으로 나아가고 있다. 약 4만 년 후면 글리제 445Gliese 445 항성에서 1.6광년 거리까지 접근할 것이다. 같은 기간, 보이저 2호는 안드로메다자리(안드로메다은하가 아니다)의 항성인 로스 248Ross 248 에서 1.7광년 떨어진 지점을 통과할 것이다.

다시 1970년대로 돌아가서, NASA는 1973년 5월 14일, 최초의 우주정거장을 지구 궤도로 쏘아 올렸다. 다만 본체에 손상이 발생해서 내부 온도가 섭씨 52도까지 치솟고 말았다. 손상된 부분을 수리한 후, 궤도 위의 이 조그마한 전초 기지에는 1973년 5월부터

1974년 2월까지 세 번에 걸쳐 우주 비행사가 세 명씩 파견되어 상주하면서 임무를 수행했다. 1970년대 후반이 되면서 NASA는 우주왕복선 계획에 필요한 주 엔진 테스트를 시작했고 새로운 열 차폐heat shield 기능에 대한 예비 테스트도 진행했다. 열 차폐는 외부에서 들어오는 열을 차단하여 내부 온도를 일정하게 유지하는 기능이다.

또한 1970년대 후반 NASA의 케네디 우주 기지는 새롭게 개발 중인 재사용 가능한 우주왕복선 부대를 지원하기 위해 구조 개편을 단행했다. 그 결과 새로운 시설을 확충하고 기존 시설을 개조해 운영지원 빌딩, 궤도선 처리시설, 우주왕복선 착륙시설 등을 갖추게 되었다. 1970년대가 거의 저물어가던 1979년 3월 24일, 첫 우주 경쟁이 종결된 세상에서 공식적으로 NASA가 주도하는 두 번째 국면의 시작을 선포하며 우주왕복선 컬럼비아호가 마침내 우주 기지에 모습을 드러냈다.

1980년대가 시작되면서 케네디우주센터는 근본적인 역할을 조정했다. 1960년대와 1970년대에는 우주에서 임무를 수행할 유인 우주선을 속도감 있게 지속적으로 발사하는 장소였다면, 이제는 최초의 우주왕복선을 완성하고 발사하는 역할을 담당하게 되었다. 우주왕복선은 온전히 재사용할 수 있고, 비행사의 탑승이 준비된 우주선이었다.

1981년 4월 12일, 사령관 존 W. 영John W. Young, 조종사 로버트

L. 크리픈Robert L. Crippen이 탑승한 컬럼비아호가 궤도를 향해 발사되었다. 세계 최초 재사용 우주선인 컬럼비아호는 지구 궤도를 54시간 30분 동안 37회 돌고 난 후, 탑재된 로켓을 발사시켜 궤도를 벗어나 강하해서 지구상의 사막에 안전하게 착륙했다.

이 우주 비행사 두 사람이 이루어낸 위업은 아무리 과장해도 지나치지 않다.

우주왕복선 컬럼비아호는 80톤에 달하며, 시속 2만 8천 킬로미터가 넘는 속도로 대기권에 재진입할 때 발생하는 엄청난 열기로부터 보호하기 위해 통 모양의 삼각 날개만 열 차폐막으로 덮인 구조였다. 왕복선은 날개 달린 거대한 돌덩이 같은 형상으로 대기권에 진입한 후, 마치 엔진이 없는 항공기처럼 활공해서 바퀴를 이용해 부드럽게 제어하며 착륙했

상단: 우주왕복선 아틀란티스호의 페이로드 발사대 위로 지구가 푸르게 빛나고 있다. 우주 공간의 암흑을 배경으로 도킹 시스템(전면), 수직 안정판, 궤도 조정 시스템(OMS) 포드, 원격 조정기 시스템/궤도선 붐 센서 시스템(RMS/OBSS)도 볼 수 있다.

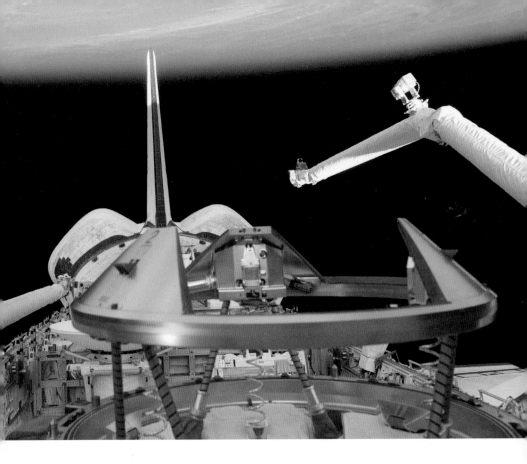

다. 당시 《뉴욕타임스》의 관련 기사 원문에는 왕복선이 착륙한 후 존 영 사령관과의 인터뷰가 실려 있었는데, 그는 이렇게 말했다.

"시작부터 끝까지, 정말 대단한 임무였습니다."

착륙에 앞서, 왕복선은 캘리포니아 해안 상공을 통과하면서 관제센터로부터 비행하는 데 "에너지도, 지상 궤적도 완벽하다"라는 확인 메시지를 받았다. 이 메시지는 속도를 충분히 늦추어 안전하게 착륙하는 데 문제가 없다는 사실을 두 비행사에게 알려 주려는 것이었다.

조종사였던 크리픈은 "우리는 우주 사업으로 완전히 돌아와 자리를 잡은 것 같습니다."라고 말했다.

우주선과 항공기의 혼합체인 우주왕복선은 1972년 처음 계획에 착수한 이래로 완성되기까지 무려 100억 달러라는 엄청난 비용이 들어갔다. 2023년 4월 기준으로 물가상승률을 감안한다면 이는 거의 720억 달러에 달한다. 하지만 이 값비싼 프로젝트는 그만한 가치가 충분히 있었기에, 비록 1981년에는 두 차례 발사만 더 있었지만 1985년에는 9회로 증가했다. 그러나 바로 다음 해인 1986년에는 우주여행이 본질적으로 고도의 위험을 동반한다는 사실을 음울하게 되새기는 사건이 터졌다. 마치 우주의 공허함이 혹독한 추위라도 불러일으킨 듯 미국인들의 간담은 그야말로 서늘해졌다.

매혹적인, 그러나 냉혹한 우주: 챌린저 참사

1986년 1월 28일, 매서운 추위 속에 아침 해가 떠올랐다. 영하에 가까운 날씨에 STS-51L 임무가 시작되었고, 일곱 명의 우주 비행사들이 탑승한 우주왕복선 챌린저호가 엄청난 속도를 내며 발사되었다. 하늘 높이 솟아오르는 왕복선과 부스터의 형체가 보였는데, 뭔가 완전히 잘못되고 있었다. 발사된 지 73초 후, 우측의 고체 로켓 부스터에서 연결 결함이 발생해 소름 끼치는 불덩이가 솟구치며 우주선 전체를 완전히 태워 버렸다. 결국 탑승자 전원이 사망했다.

NASA를 비롯해 온 국가가 슬픔에 잠겼다. 그러나 이에 굴하지 않고 NASA는 후속 발사의 완벽한 수행을 보장하기 위해 투입되는 자원의 규모를 2배로 늘렸다. 그리고 1988년 9월 29일, 우주왕복선 디스커버리호가 발사되었고, 모두들 미국의 우주 계획과 우주왕복선 사업이 아직 끝나지 않았다는 사실에 복잡한 심경으로 안도의 한숨을 내쉬었다,

이후로도 왕복선을 이용한 임무는 재료과학, 생물학 등 다양한 분야를 섭렵하며 NASA가 진행하는 우주 기반 과학의 범위를 확장하는 데 기여했다. 이 프로그램을 통해 우주 공간에서 과학 연구 역량을 더욱 향상시킬 목적으로 재사용 연구 모듈인 스페이스랩Spacelab을 우주왕복선에 탑재했다. 1989년에는 총 5회의 왕복선 임무가 추가되었는데, 그중 두 번의 임무를 통해 마젤란 우주선을 금성으로, 갈릴레오 탐사선을 목성으로 쏘아 보냈다.

1980년대가 저물고 1990년대에 접어들면서 미 대통령 로널드 레이건이 1984년에 내놓은 도전 과제가 그 형태를 갖추기 시작했다. 바로 영구적으로 궤도를 운행하는 우주정거장이었다. 레이건 대통령은 1984년에 다음과 같이 연설했다.

"우주정거장을 통해 우리는 과학, 통신을 비롯해 우주 공간에서만 생산이 가능한 금속 소재나 생명을 살리는 의약 성분에 관한 연구에서 비약적인 발전을 이룰 것입니다. (⋯) 우리가

이러한 과제에 도전하는 데 우리의 친구들도 동참해서 그 혜택을 공유하기를 바랍니다. NASA는 이 도전에 다른 국가들이 참여하도록 초대할 것입니다. 그래서 우리의 목표를 공유하는 모두를 위해 평화를 더욱 굳건히 하고, 번영을 이룩하며, 자유를 확산시킬 것입니다."

1990년대에도 더 많은 우주왕복선 임무를 수행하면서 NASA는 세계 여러 우주 기관 가운데서 확실한 주도권을 잡게 되었다. 탈냉전 시대에 들어서며 이제는 역사 속으로 사라진 소련이 러시아연방으로 새롭게 시작하면서, NASA는 여러 국가와 더불어 러시아까지도 국제우주정거장 프로젝트에 합류하도록 초청했다. 밀레니엄 시대가 다가오는 시점에서 상황은 더할 나위 없어 보였다.

이후 수년간 전개된 상황을 보면, 그것은 단연코 옳은 결정이었다고 말할 수 있다. 그러나 2020년대에 접어들자 그동안 유인 우주선 임무가 지속적으로 성과를 보였는가에 관한 질문에 답을 하기가 더욱 어려워졌다.

오른쪽: 1986년 1월 28일 발사 직후에 폭발한 우주왕복선 챌린저호. 당시 NASA의 역사상 처음 겪는 엄청난 비극이었다. 순식간에 화염이 번져 탑승했던 모든 비행사가 목숨을 잃었다.

2.

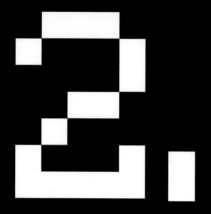

갈수록
진화하는
우주여행

미래의 화성 기지를 묘사한 상상도. 지구로 귀환하는 데 필요한
자원 및 산소, 연료, 물까지 자체적으로 생산할 수 있다.

2000년대 초반은 미국과 미국인들에게 정신이 번쩍 드는 시기였다. 후쿠야마 시대 이후에 꿈꿔 온 세상은 더 이상 가망이 없는 것 같았다. 9·11 테러가 발생하면서 뒤이어 테러와의 전쟁이 시작되었고, 닷컴버블의 여파로 많은 이들이 실직하거나 그보다 더한 곤경에 처했다. 고삐 풀린 애국주의가 미 전역으로 넘쳐흐르면서 집집마다 성조기가 내걸렸다. 그리고 누구도 굳이 입 밖에 내지는 않았지만, 이 나라가, 아니 서구권 자체가 설 자리를 잃어가고 있다는 사실에 다들 점점 더 당혹감을 느끼고 있었다.

다만 1990년대부터 21세기에 들어서기까지 우주왕복선 임무를 계속 추진해 온 NASA의 우주 사업에는 이러한 상황에서도 별다른 타격을 입지 않은 듯했다. 하지만 2003년 2월 1일, 우주왕복선 컬럼비아호가 지구 대기권으로 재진입하던 중 엄청난 화염에 휩싸여 공중 분해되고 말았다.

나는 그날을 생생히 기억한다. 당시 고등학생이었던 나는 트럼펫 수석 연주자로, 교내 재즈 앙상블 공연에서 멋진 즉흥 연주로 객석을 감동의 도가니로 몰아넣을 작정이었다. 무대 뒤에서 트럼펫의 밸브에 오일을 주입하고 있던 나는 이미 새파란 텍사스 하늘에서 뭔가 커다란 물체가 공중분해 되었다는 소식을 들어 알고 있었다. 이 사건은 훗날 "그때 너는 뭐 하고 있었어?"라고 다들 물어보는 순간으로, 우리 세대로서는 9·11 테러 이후 처음 겪는 대혼란이었다. 공연이 최고조에 이르러 트럼펫으로 높은 E음을 연주하면서도, 마치 내가 실제로 완전히 다른 옥타브의 소리를 내는 것 같은 기분이었다. 그 쾌활한 소리에 마음이 전혀 따라 주지 않았던 까닭이다.

컬럼비아호에 탑승했던 일곱 명의 우주 비행사 전원이 그 사고로 사망했고, NASA는 사고에 대한 전면적인 진상 조사를 벌이는 동안 우주왕복선 사업을 2년 이상 잠정 중단했다. 나중에 사고의 원인을 파악하는 임무를 맡은 위원회는 왕복선의 외부 탱크에서 커다란 발포체가 떨어져 나가면서 선체 날개를 강타해 열 차폐막이 훼손된 것이 원인이었다고 발표했다.

문제는 NASA가 수년간 이 발포체 관련 결함을 인지하고 있었다는 사실이다. 그 때문에 NASA는 왕복선 발사와 같이 대단히 복잡한 사업을 추진하면서도 재앙의 전조가 될 문제를 무시해 버렸기 때문에 언론 및 미 의회로부터 강도 높은 조사를 받아야 했다. 운송이라는 관점에서 볼 때, 우주여행 중의 사고는 불가피하다. 그러나 우주왕복선이 끔찍한 화염에 소실된 것이 이번이 처음은 아니라는 것이 문제였다.

컬럼비아호와 챌린저호 참사는 10년 이상의 시간 차이가 있었지만, 이들 사건은 2011년 우주왕복 사업을 폐지한 주요 원인이 되었다. 이후 거의 10년 동안 미국인 우주 비행사들은 국제우주정거장에서 유지보수 작업을 하려면 러시아의 소유즈 우주선의 신세를

질 수밖에 없었다. 물론 그 방법 외에 별다른 대안이 없는 상황에 처하기 전에도 NASA는 먼 우주로 인간을 보내는 다른 탐사 프로그램은 진행되고 있었다.

2005년에 발효된 NASA 승인법NASA Authorization Act에 따라 NASA는 '달에 지속 가능한 인간 거주지를 개척하기 위한 프로그램을 구축'하라는 지침을 받아 '미래의 화성 탐사를 위한 디딤돌로서 우주 공간에서 탐사, 과학, 상업 활동을 수행하고 미국의 우위를 점하는 것'을 주요 목표로 설정했다. 새로운 유인 화성 계획에는 컨스털레이션 프로그램Constellation program(컨스털레이션은 별자리라는 뜻-옮긴이)이라는 이름이 붙여졌다. NASA에 따르면, 이 프로그램에 의거해 우주왕복선 사업을 2010년에 폐지하고, 아무리 늦어도 2014년까지는 유인 탐사 우주선인 오리온Orion호를 개발하기로 했다.

모든 것이 순조롭게 진행됐더라면 유인 달 착륙 시기는 2020년이었을 것이다. 하지만 그런 일은 일어나지 않았다. 다만 임무에 대한 브리핑을 살펴보면, 유인 탐사의 범위를 태양계 전체와 그 너머까지 확장해서 설정했으며, 새로운 로봇 프로그램까지 추가한 것을 알 수 있다.

이 임무의 구상대로라면 달은 보다 먼 우주로의 여행과 탐사를 위한 물류 중심으로 거듭났을 것이며, 여기에는 아폴로 임무에 사

상단: 2003년 2월 1일 오전, 불길에 휩싸인 우주왕복선 컬럼비아호의 잔해가 텍사스 상공을 길게 가로지르며 추락하고 있다.
하단: 사고를 조사하는 과정에서 회수된 우주왕복선 컬럼비아호의 잔해가 케네디 우주센터 RLV 격납고의 격자 바닥에 배열되어 있다.

용된 유인 캡슐을 5미터 크기로 축소한 형태를 바탕으로 설계된 '뭉툭한 형상의 캡슐'도 포함되었을 것이다.

오리온 우주선은 최대 6인까지 탑승할 수 있고, 210일간 우주에서 체류할 수 있도록 설계되었다. 또한 먼 우주에서의 임무는 물론이고, 국제우주정거장에 물자를 보급하고, 심지어는 우주정거장의 비행사들이 비상시 구명정으로 활용할 수 있게 할 계획이었다.

컨스털레이션 계획을 위해 설계된 로켓은 아레스Ares 1호 및 아레스 5호라는 이름이 붙

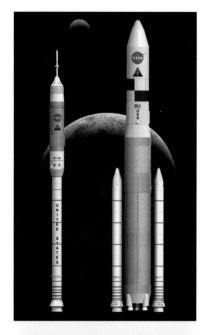

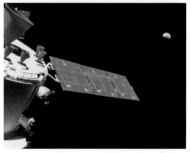

왼쪽: 오리온 우주선의 원뿔형 어댑터. 크레인을 이용해 작업대 위에 올리는 과정을 엔지니어들이 모니터하고 있다.
상단: 발사용 로켓 아레스. 왼쪽이 아레스 1호, 오른쪽이 아레스 5호.
하단: 오리온 우주선에 장착된 카메라가 멀리 지구를 배경으로 선체 일부를 촬영한 모습.

여겼다. 아레스 1호는 미국의 장기 임무를 위한 유인 발사체의 역할을 수행할 목적으로, 5세그먼트 고체 로켓 부스터와 새로운 형태의 액화산소 및 액화수소를 연료로 한 상단 로켓에 J2X 엔진을 장착한 형태가 될 것이었다. 현대의 모델과 비교해 보면 스페이스X의 팰컨9 로켓과 상당히 유사하다.

아레스 5호는 1호에 비해 훨씬 더 야심 차게 설계되었다. 지구 저궤도로 144톤 화물을 수송할 수 있고 궤도상 조립과 같은 복잡한 작업을 최소화하도록 설계했다. 많은 이들이 우주왕복선의 과도한 설계(그에 따라 문제가 발생할 위험이 높아지므로)가 문제를 일으킨다고 생각했는데, 아레스 5호는 왕복선의 설계를 상당히 개선시키고자 했다. 다만 아레스 5호의 설계에는 왕복선과 같은 방식의 외부 연료 탱크가 포함되었고 주 엔진으로는 그와 다른 RS-68을 적용했다. 특히 아레스 5호는 4인이 탑승할 수 있는 새로운 형태의 달 착륙선을 탑재해 우주 비행사들이 달 표면에서 7일간 머물 수 있고 향후 건설될 달 전초 기지에 교대로 체류하도록 할 계획이었다. 이 우주선은 액화산소와 액화수소 혼합제를 이용한 추진력으로 달까지 22톤의 화물을 수송할 수도 있었다.

오리온 우주선의 디자인은 오늘날까지도 사용되고 있다(2022년에 아르테미스Artemis호의 첫 비행 시 탑재되어 달에서 훌륭한 임무를 수행하고 돌아왔다. 유인 임무로는 가장 먼 거리다). 하지만 그보다 더 큰 규모의 컨스털레이션 계획 자체는 2010년 오바마 정부 때 취소되었다.

오바마 정부는 민간 업체를 통해 국제우주정거장에 이르는 편이 좀 더 전망이 있다고 판단했다. 스페이스X 같은 기업들이라면 훨씬 더 비용을 낮출 수 있었기 때문이다. 아레스 로켓과 오리온 우주선을 설계하고 제작하는 데 5년간 90억 달러가 들어갔다. 2010년 10월 11일 전체 계획이 폐기되었을 때, NASA의 우주 비행사들이 우주왕복선을 사용할 수 있는 기간은 겨우 1년 남짓이었다. 게다가 러시아 우주선을 제외하고는 우주정거장에 도달할 다른 대안이 없었다. 분명한 점은, 서구가 우주 탐사의 주도권을 유지하려면 새로운 목표를 수립하는 한편 더 개선되고 더 신뢰할 만한, 그리고 아마도 덜 복잡한 방식이 필요했다는 것이다.

그런데 화성에 가는 또 다른 방안이 있었다. 이는 수십 년 전에 제시되었는데, 현재 일론 머스크의 스페이스X에서 이 아이디어의 한 형태가 결실을 맺는 중이다. 1990년대 초반, 마틴 마리에타(Martin Marietta, 방위산업체 록히드 마틴의 전신. 록히드와 마틴 마리에타가 합병해서 현재의 록히드 마틴이 되었다-옮긴이)의 데이비드 베이커David Baker와 로버트 주브린Robert Zubrin은 마스 다이렉트Mars Direct라는 이름의 유인 화성 탐사 계획을 제안했다. 무엇보다도 이 계획의 핵심 요소는 실제로 화성 탐사를 가능케 하는 견고함과 단순함, 두 가지였다. 즉, 서로 다른 임무들 간의 상호 의존성을 최소화하고, 달(또는 어느 곳이든)의 궤도 위에 중간 기점으로 우주정거장을 설치해야 한다는 기존의 생각을 버리고, 현재 존재하는 기술로 화성에 도달하는 방안을 찾겠다는 의미다.

로버트 주브린의 묘안

요컨대, 이 계획 아래 화성 탐사 임무는 10년 안에 실현해야 했다. 왜냐하면 정치적 요인(예를 들어 4년 혹은 8년마다 교체되는 미 행정부)으로 중단될 수도 있기 때문이다. 결국 화성으로의 유인 탐사는 원자력 구동 방식이나 원자력 추진과 같은 이색적인 기술보다는 기존의 화학 추진 방식(즉, 로켓) 같은 더 흔한 기술을 사용해야 한다는 것을 뜻했다.

하단: 화성의 구세프 분화구(Gosev Crater, 화성 적도 남쪽 저지대의 분화구 형태로, 과거 호수였을 것으로 추정되어 탐사가 이루어지고 있다-옮긴이)의 가장자리에서 바라본 태양.
오른쪽: NASA의 국장 권한대행 크리스 스콜세(Chris Scolese)(왼쪽)와 회계감사관 데이비드 슈어(David Schurr)(오른쪽)가 2009년 5월에 워싱턴 D.C.에서 진행된 NASA의 2010년 회계연도 예산 브리핑 중에 기자들의 질문을 듣고 있다.

이러한 조건들이 설정되면서 이론상 화성 탐사에 드는 비용이 크게 줄어들었으며, 엔지니어들은 달이나 화성 또는 그 너머까지도 유인 탐사를 할 수 있도록 다목적용 발사 시스템 개발과 더불어 행성의 중력 도움을 받을 수 있는 경로를 활용한 발사 계획을 요구받았다.

마지막으로 지구 궤도를 벗어난 임무에 따른 효과를 고려해야 한다. 이는 우주 비행사들이 화성에 머무는 기간을 가장 많이 확보해야 한다는 뜻이다. 그렇게 하려면 장기간 사용할 장비 및 탐사 기기를 가동할 에너지 자원을 충분히 공급하는 것이 필요하다. 궁극적으로 주브린과 베이커는 최종 탐사 계획을 생각해 냈다. 즉, 화성 탐사를 위해서는 한 번이 아닌 두 번의 발사가 이루어져야 한다는 것이다.

첫 번째 발사로는, 자체적으로 추진제 생산 설비를 갖춘 지구 귀환 우주선ERV, Earth return vehicle을 화성으로 보내게 된다. ERV가 화성에 착륙한 후 연료를 바로 그 자리에서 생산할 수 있다면, 이후에 도착하는 우주 비행사들은 화성에 이르기도 전에 지구로 돌아오는 왕복 티켓을 얻는 것이다. 이어지는 지구에서의 두 번째 발사로 우주 비행사들이 화성으로 떠난다. 여기서 두 번의 발사는 약 26개월의 간격을 두고 이루어져야 한다는 점이 중요하다. 지구에서 화성으로 갈 때 중력 도움을 받을 수 있는 최적의 여행 경로에 적합한 기간이기 때문이다.

비록 NASA는 주브린과 베이커의 마스 다이렉트 계획Mars Direct program을 승인해 주지는 못했지만, 이전에 고려되던 화성 정착 아이디어를 단순화한 이 프로그램은 구체적인 실행 계획 및 과학적 이유가 있었다. 이를 제대로 파악한다면 앞으로 스페이스X의 성공이 얼마나 중대한 일인지를 보다 깊이 이해할 수 있다.

생각해 보면, 그간 미국 대통령들이 대를 이어가며 의회에서 우주를 향한 야망의 불씨를 피우려고 노력했지만, 지구 저궤도를 넘어서는 유인 우주 탐사 계획은 그 어느 것도 순조롭게 추진된 적이 없다. 비용 절감이 필요하기도 했지만, 그보다는 계획을 주도하는 기관이나 단체가 화성에 인류를 보내는 프로젝트에 오롯이 집중하는 것이 필요했다. 그런데 2002년이 되자 마치 그러한 부름에 답하기라도 하듯, 한 기업가가 페이팔이라는 자신의 회사를 매각하면서 받은 배당금을 재투자해 오늘날 가장 성공적인 민간 항공 우주 업체가 될 기업을 설립한 것이다. 바로 스페이스X의 CEO이자 창립자인 일론 머스크다. 그때부터 머스크의 스페이스X는 완전히 다른 방식으로 우주로의 운송 경로를 구축했다.

3.

스페이스X의
등장

2009년 7월 14일. 콰절런 환초(Kwajalein Atoll, 태평양 마셜제도
서쪽에 있는 환초-옮긴이)에 위치한 오멜렉섬(Omelek Island)에서
팰컨1 로켓이 발사되고 있다. 발사가 실패하더라도 외딴 섬이어서
공간적인 '여유'가 있었다.

1996년 로버트 주브린은 《애드 아스트라Ad Astra》 5/6월호에 인류가 화성에 도달하는 방법에 관한 글을 기고했다. 그의 논리상 인류 문명이 우주 공간으로 확장되기 위한 다음 단계는 화성 정복이었다. 주브린은 "화성은 달보다 지구로부터 수백 배 멀리 떨어져 있으나 그곳에서 우리는 달에서보다 훨씬 더 귀중한 것을 얻을 수 있다."라고 썼다. 화성에는 단기적인 탐사뿐 아니라 기술 문명 전체를 뒷받침하는 데 필수적인 자원이 모두 존재한다.

또한 그는 "상대적으로 사막 같은 달의 환경과 달리, 화성에는 물이 영구 동토층의 형태로 땅속에 얼어붙은 바다가 존재한다. 그뿐만 아니라 탄소, 질소, 수소, 산소 같은 자원이 풍부해 이 모든 자원을 이용할 만큼 유능하기만 하다면 즉시 활용할 수 있는 형태로 존재한다."라고 설명했다.

상단: 화성의 우주 비행사들과 인간의 주거 공간을 그린 상상도. 많은 이들에게 화성은 새로운 문명의 기회를 상징한다.
오른쪽: 항공우주공학자 로버트 주브린은 인류가 우주로 확장하는 논리적인 다음 단계는 화성이라고 여긴다.

주브린에게 화성이란 인류의 지성과 기술을 가장 효율적으로 활용한다면 그야말로 진정한 신세계이자, 인류 문명에 주어질 새로운 기회의 땅이었다. 그는 이어서 "인류는 화성에 정착할 수 있으며 화성은 우리 세대와 미래의 많은 세대에게 신세계가 될 것이다."라고 썼다. 이를 실현하기 위해 주브린이 초안

으로 내놓은 마스 다이렉트 프로그램에 따르면, 인류는 그 옛날 북미의 신세계를 개척했던 탐험가들처럼 '간소하게 떠나 개척지의 자원으로 살아가는' 방식을 따라야 할 것이다.

마스 다이렉트 프로그램에서 제안한 방식은 다음과 같다. 우선 아폴로 계획에서 사용된 새턴 5호와 동급의 중량급 부스터 로켓에 탑승자 없이 약 44톤에 달하는 대규모 화물을 탑재해서 케이프 커내버럴 기지에서 화성으로 발사한다. 8개월 후면 화성 가까이 접근하게 되고, 보호 장치를 사용해 화성의 대기권을 통과하면서 속도를 늦추어 궤도에 진입한 후 낙하산을 타고 마침내 화성 표면에 착륙한다.

주브린은 이 과정을 지구 귀환 우주선ERV이라고 명명했다. 인간이 화성에 도달하기 전에 미리 보내질 이 우주선에는 연료가 주입되지 않은 메탄/산소 로켓 추진제를 비롯해, 액화수소 상당량, 메탄/산소를 연료로 사용하는 경량 트럭과 트럭 뒤에 설치된 100킬로와트 용량의 핵 원자로 한 대, 과학 탐사 로버 몇 대, 그리고 화학 물질을 자동으로 처리할 수 있는 여러 대의 컴프레서가 실린다. 핵 원자로를 실은 트럭은 드론처럼 조종을 받아 착륙 지점으로부터 몇백 미터 떨어진 지점으로 이동해 컴프레서 및 화학 처리 장비의 가동에 필요한 전력을 생산하게 된다.

"화성의 대기에서 이산화탄소 비율은 95퍼센트에 달하기 때문에 지구에서 실어 온 수소가 빠른 속도로 반응을 일으켜 메탄 및 물을 생산할 수 있으므로 화성에서 액화수소를 장기간 저장할 필요가 없다."라고 주브린은 덧붙였다. 메탄가스는 액체로 변환해서 저장할 수 있지만, 물은 전기 분해를 통해 생성된 산소를 저장하고 이때 함께 생성된 수소는 다시 메탄 생성 장치methanator를 통해 메탄 및 물을 생산하는 데 활용될 수 있다. 물의 전기 분해와 메탄 생성을 결합한 방식이라면 풍부한 양의 산소와 메탄가스를 생산할 수 있을 것이다. 이렇게 하면 10개월간 약 120톤가량의 이원 추진제(로켓 엔진에 사용되는 연료와 산화제를 분리 저장했다가 혼합해서 반응을 일으키는 방식-옮긴이)를 생산할 수 있다.

여기서 아마 많은 독자가 궁금해할지도 모르겠다. 아폴로호의 달 탐사에서처럼 우주선의 자체 추진력으로 귀환하면 될 텐데 왜 굳이 화성에서는 로켓 추진제를 생산해야 할까?

사실 화성 표면에서의 중력은 달보다 훨씬 크고, 천체 위치상으로도 지구로부터 훨씬 멀리 떨어져 있다. 그러므로 화성의 중력을 벗어나 지구로 귀환하려면 지구에서 싣고 간 연료만으로는 턱없이 부족하다. 또한 지구로 귀환할 때 최적의 경로를 따라 충분한 속도를 내려면 더욱 연료가 넉넉히 있어야 한다. 게다가 화성에서 주브린의 설계에 따라 추진제를 생산한다면, 지구에서 가져간 수소만

을 이용해서 생산하는 것보다 18배 이상 많은 추진제를 생산하게 된다. 이뿐만 아니라 이 방식이라면 화성 표면에서 운행하는 로버나 트럭에 연료를 공급할 수도 있으며, 이 과정에서 생성된 산소와 물은 우주 비행사들이 화성에서 지속적으로 생활하는 데 사용될 수 있을 것이다.

주브린이 제시한 이 마스 다이렉트 프로그램의 본질은, 화성에

상단: 러시아-우크라이나 전쟁의 한 장면. 러시아에 대한 미국의 제재 및 러시아와 중국의 공조에 따라 오일 달러는 종말을 맞이할 수도 있다. 미국이 세계 경제에 관여하며 과도한 확장 정책을 펼치자, 많은 이들이 미국의 우주 계획에 투입되는 비용을 재검토하게 되었다.
오른쪽: 우주왕복선은 '재사용이 가능'하다고 알려졌지만, 혹독한 임무를 수행하고 돌아온 후에는 대대적인 점검이 필요했다.

인간이 첫발을 내딛기 전에 화학적 도구를 미리 생산해서 화성에 도착한 이들이 지구에서처럼 화성에서 생활하고 이동할 수 있게 하려는 것이다. 주브린의 프로그램은 완전히 새로운 세계에서 정착하기 위한 제안으로서 대단한 가치가 있었다. 비행사들은 화성에서 지구로 귀환하는 데 필요한 물질이 충분히 생산된 후에야 화성으로 떠나며 준비 과정을 맡을 선행 임무(무인)와 본 임무(유인)는 화성이 지구에 가장 근접하는 시기에 맞추어 서로 다른 시기에 발사된다.

주브린이 구상한 제안에는 나름의 근거가 있었다. 하지만 미 대통령의 임기(4년)를 한두 번 거치는 기간 내에 화성 탐사를 수행하는 계획을 구성하는 과정에서 NASA와 미 정부가 보인 무능력함 때문에 보다 근본적인 사고방식이 필요했다. NASA 설립 이후 10년 내내 단일 주력 사업으로 엄청난 몫을 차지한 도전 과제였음에도 그때까지 지구 저궤도를 벗어나 다른 세계로 나아간 유인 탐사라고는 아폴로 계획이 유일했다.

그런데 1960년대 들어서면서 미국 경제는 더욱 급격하게 국제 정세의 영향을 받았다. 냉전 이후(특히 21세기 초반) 전 세계 각지 정치 지도자들 사이에는 미국이 분수에 넘칠 정도로 빠르게 제국화하고 있다는 인식이 생겨났다. 전례 없는 국가 부채와 이를 해소하기 위해 지속적으로 오일 달러에 의존하는 상황만 보더라도 미국은 재정적 유연성을 지나치게 잃어 가고 있음을 알 수 있었다.

미 의회의 일각에서는 주브린의 제안을 호의적으로 받아들였지만, 결국 이 프로그램은 결실을 맺지 못했다. 다만 그가 도출해 낸 핵심 개념은 이미 NASA에서 초기 시험 단계를 거치며 추진 중이었다. 즉, 향후 먼 우주에서의 임무에 드는 비용을 줄이는 방안을 마련하는 것이다. 두 초강대국 사이에 양 극단을 오가는 냉전이라는 정치적 동기는 더는 인류가 우주로 확장하는 데 필요한 원동력이 될 수 없었기 때문이다.

우주여행의 기틀을 마련한 '재사용 가능성'

공학적 관점에서 이 문제의 해결책은 개념상으로 이미 나와 있었다. 바로 재사용 가능한 우주선이다. 우주왕복선은 대체로 재사용이 가능했다. 그러나 우주를 배경으로 한 일종의 테세우스의 배역설(그리스 신화에 등장하는 역설로, 대상의 원래 요소를 교체한 후에도 그 대상이 여전히 동일한 대상인지를 묻는 사고 실험-옮긴이)처럼 각 왕복선은 발사, 대기권 재진입, 착륙 단계에서 혹독한 조건을 충분히 견디는데 적합하도록 임무가 종료될 때마다 대대적인 점검을 거쳐야 했다. 왕복선이 발사된 후 2분 만에 폭발했던 전력이 있는 만큼 우주선이 과도하게 복잡한 설계라고 보는 일부의 시각이 있었다. 어쨌든 더욱 복잡한 공학 기술이 적용될수록 끔찍한 사고가 발생할 확률도 높아지는 것이다.

그러나 기본적인 제약 조건은 익히 알려진 대로, NASA로서는 어떻게든 지구를 벗어나 우주로 날아갔다가 무사히 귀환하는 우주선이 필요했다.

1960년대에 닐 암스트롱은 수직 이착륙이 가능한 로켓을 테스트했는데, 결과적으로 달에 최초의 인간을 올려놓은 달 착륙선이 그러한 종류였다. 그러나 중력이 달에 비해 훨씬 크게 작용하는 지구상에서 한 테스트는 설정에 따라 수동으로 진행될 수밖에 없었다. 그래서 테스트 중 추력기 하나에 연료가 고갈되는 바람에 우주선이 폭발하기 단 몇 초 전에 탈출해서 가까스로 목숨을 건지기도

상단: 2011년 기자회견 하는 스페이스X의 창립자 일론 머스크. 이날의 기자회견은 반덴버그 공군 기지를 세계 최강의 로켓의 발사대로 개조하는 계획을 발표하는 자리였다.

하단: 달 표면에 인류 최초로 발을 디뎠던 닐 암스트롱은 랭글리 달 착륙 연구 시설에서 달의 중력에 적합하도록 지구 중력을 6분의 1로 줄이는 장비를 착용하고 훈련하던 중 기계의 작은 결함으로 목숨을 잃을 뻔했다.

했다.

그 당시에는 우주에 도달할 역량이 되는 로켓을 지구로 재착륙시킬 필요가 없었다. 아폴로 계획에는 자금이 풍족하게(적어도 초기 몇 년간은) 지원되었기 때문이다. 그러나 1990년대에 들어 유인 우주 탐사를 위한 자금 지원에 대한 전망이 불투명해지면서 NASA는

(지구 대기권 내에서의) 재착륙 임무를 성공시킬 수 있는 로켓을 처음으로 테스트하기 시작했다. NASA의 첫 번째 수직 이착륙VTOL 로켓은 DC-X라 불렸는데, 저비용 단식 궤도 비행체였다.

1993년에 시작된 이 계획은 자금이 고갈될 때까지 세 차례 시험 비행이 진행되었다. 이후 NASA는 이 프로젝트에 더 많은 자금을 투입하면서 시험을 지속했다. 그 가운데 한 시험 비행 중에는 DC-X 선체 측면이 손상되면서 작은 규모의 폭발이 일어나기도 했다. 손상이 심각했음에도 이 우주선은 그대로 자동 착륙을 성공적으로 해냈다. 손상 지점이 수리된 후 1995년까지 테스트가 이어졌다. 하지만 한 테스트에서 착륙 중 강한 충격을 받아 선체 표면에 금이 갔는데, 보수에 필요한 추가 자금을 충당할 수 없었다.

1995년에 NASA는 더 많은 자금을 지출하며 해당 프로젝트를 DC-XA라고 새롭게 이름 붙여 1996년에 실험을 재개했지만, 한편으론 당시 X-33 벤처스타VentureStar라는 이름의 록히드 마틴사의 경쟁 모델이 순조롭게 개발되고 있었다(NASA는 이 모델을 이미 대안으로 선정해 둔 상황이었다). 결국 NASA는 5천만 달러라는 상대적으로 저렴한 비용에도 불구하고 DC-XA 사업을 폐기하고, 그 대신 수년에 걸쳐 X-33 모델의 개발에 9억 2천만 달러를 쏟아부었다. 그러나 X-33마저 연료 탱크의 복합적인 문제로 인해 미처 이륙해 보기도 전에 취소되고 말았다.

상단: NASA는 결국 DC-XA를 폐기하고 록히드 마틴사의 X-33 벤처스타 (VentureStar)에 9억 2천만 달러를 쏟아부었지만 그 사업 역시 취소되고 말았다. **오른쪽:** 1985년에 처음 제안된 NASA의 첫 번째 수직 이착륙(VTOL) 로켓인 DC-X(사진은 DC-XA 모델). 이 실험선은 저비용 단식 궤도 비행체였다.

비용 면에서 더욱 효율적으로 우주를 개척하는 유인 우주 임무에 자금을 더 많이 집중한 덕분에 인류가 새천년의 길목에서 매우 다른 길로 나아가게 된 것인지, 아니면 그저 인간의 우주 탐험에서 공공-민간 항공우주 기업이라는 단계를 피할 수 없었던 것인지 따져 봤자 소용없는 일이다. 결국 후자가 현재의 상황이 되었으니까 말이다. 그리고 이 혁신을 주도하는 세력이 바뀌는 정점에서 일론 머스크가 등장한다.

놀랍게도 머스크가 직접 로켓을 제작하면서 우주여행의 세계에 발을 들인 것은 아니라는 점이다. 그 모든 사업을 시작하기에 앞서, 그는 화성 탐사를 적극적으로 지지하는 건실한 비영리단체인 화성협회Mars Society의 이사회 자리를 사들였다. 나는 이 협회 회원이었는데, 우리 회원들은 머스크가 화성에 온실을 설치하자는 제안을 처음 했을 때, 그렇게 신날 수가 없었다.

머스크는 훗날 NASA의 국장을 역임(2005~2009)한 항공우주공학자이자 물리학자 마이클 그리핀Michael Griffin과 함께 일하면서, 대륙간 탄도 미사일ICBM을 손에 넣을 생각으로 러시아로 날아갔다. 아쉽게도 러시아는 아무에게나 미사일을 팔지 않았기에 머스크는 직접 로켓을 제작하기로 결심했다.

그러나 무기라든지 우주 탐사가 가능한 기존의 로켓 복제품을 간단히 재사용할 수는 없었다. 우선 무기는 일반적으로 기밀 사항에 해당한다. 그보다 더 중요한 문제는, 우주선 개발에 관한 항공

우주공학의 근본적인 철학을 새롭게 정립할 필요가 있었다는 점이다. 왜냐하면 기존의 우주선 개발 사업은 지나치게 비용이 많이 들거나 과도하게 설계되었음이 드러난 탓에 공공 자금을 지원하는 관료 사회의 압박이나 대중의 냉정한 시선을 버텨 내기가 쉽지 않았기 때문이다. 바로 이 시점에서 머스크가 Zip2(1999년, 3억 달러 이상)와 페이팔(2002년, 15억 달러)을 매각하면서 얻은 자금으로 2002년 3월 14일에 설립한 스페이스X가 등장한다.

스페이스X의 서막: 초창기 팰컨

새로운 민간 항공우주 기업 스페이스X는 화성에 도달할 우주선을 설계·제작·시험·발사하는 것을 주요 목표로 삼았다. 그러나 NASA나 구소련(당시 붕괴되어 가고 있던 나치 독일로부터 낚아챈 독일 과학자들에게 크게 의존했다)과 달리, 스페이스X는 빈손으로 시작했다.

처음부터 각각 크기, 규모, 목적이 다른 세 가지 형태의 로켓 부대를 제작하려고 계획했다. 첫 주자는 보다 저렴하면서도 궤도 발사 능력이 효과적인 형태를 입증하려는 목적으로 설계된 팰컨1 로켓이었다. 이어서 제작된 팰컨5와 팰컨9는 둘 다 우주로 화물을 수송할 수 있는 모델이었다. (팰컨1과 팰컨5, 팰컨9 로켓 사이에 다른 모델은 존재하지 않는다. 아폴로 1~17호와 다르게 팰컨 로켓에 부여된 숫자는 임무의 순서가 아니라 단순히 해당 로켓에 장착된 1단 엔진 개수를 의미한다.)

팰컨1 로켓은 2단으로 구성되었고, 각 단의 길이는 21.3미터,

지름은 1.7미터다. 이 로켓은 액화산소(산화제라고도 한다)로 점화되는 RP-1 케로신 연료(추진체)를 사용해서 671킬로그램(로켓 자체 중량에 더해)을 궤도까지 쏘아 올릴 수 있었다. 1단 로켓은 멀린Merlin 엔진 1기만으로 추진된 반면, 2단은 더 작은 크기의 케스트렐Kestrel 엔진을 사용했다. 물론 두 엔진 모두 스페이스X가 자체 개발한 엔진이다.

팰컨1의 발사에 앞서 발사대가 두 군데 세워졌는데, 하나는 캘

하단(좌): 2006년 일론 머스크. 그는 2001년에 화성협회의 이사회 자리를 사들이면서 우주여행의 세계에 발을 들였다.
하단(우): 2017년 러시아의 연례행사인 전승절 군사 퍼레이드 중에 등장한 대륙간 탄도 미사일(ICBM) 발사대. 일론 머스크는 원래 러시아산 ICBM으로 스페이스X의 사업을 시작하기를 바랐다. 하지만 러시아에서 ICBM을 구입할 수 없게 되자 일론 머스크는 직접 로켓을 제작하기로 했다.
오른쪽: 화성협회는 화성 탐사를 지지하는 건실한 비영리단체로, 유타주 행크스빌(Hanksville) 인근의 사막 지역에 화성 탐사 연구 기지(Mars Desert Research Station)를 세웠다.

리포니아의 토르-아제나Thor Agena 및 아틀라스호 발사 단지에 위치했다. 이곳은 예전에 아틀라스 E/F 로켓을 마지막으로 발사하는 데 사용된 장소다. 또 다른 발사 장소는 태평양 마셜제도의 오멜렉 섬이었다. 인구 밀집 지역에서 멀리 떨어진 태평양이라는 입지 조건 덕분에 스페이스X는 궤도 경사, 즉 지구의 기준면(적도)과 공전하는 선체의 궤도가 이루는 각도를 최대한 크게 설정할 수 있었다. 또한 발사 장소로부터 반경 수천 킬로미터에 이르기까지는 거주 인구가 전혀 없는 평탄하고 광활한 지역이므로, 궤도를 향해 로켓을 발사할 때 발사 초기의 결정적인 순간에 사고가 일어나더라도 훌륭한 '여유 공간'이 있었다.

팰컨1의 첫 비행은 당초 미 해군연구소의 전술통신위성을 싣고 캘리포니아의 반덴버그 우주군 기지에서 발사될 계획이었다. 그러나 로켓의 비행 경로가 타이탄 4호 발사대였던 발사 단지 4E 상공을 지난다는 이유로 연기되었다. 미 공군은 2005년 10월에 타이탄의 마지막 발사를 완료할 때까지 스페이스X에 발사 허가를 내주지 않았다. 그래서 스페이스X의 팰컨1 첫 발사에는 오멜렉섬의 시설에만 있던 팰컨샛 2호FalconSAT-2를 탑재하기로 했다.

팰컨샛 2호를 탑재한 팰컨1의 첫 발사 시도는 2005년 11월 27일로 예정되었다. 그러나 연료 탱크에서 산화제가 누출되었고 이를 해결할 지상 지원 장비에 문제가 발생한 탓에 발사를 진행할 수 없었다. 당일 중에 연료 탱크를 다시 채울 시간도 부족했고, 그 직후 날씨마저 발사에 적합하지 않게 바뀌었다. 이후 12월에 다시 발사를 시도했는데, 이번에는 발사 전에 날씨로 인해 대기 시간이 길어지면서 연료가 고갈되는 바람에 1단 로켓이 찌그러져 계획이 종료되었다.

2006년 3월 24일, 네 번째 시도에서 팰컨1 로켓이 현지시각 오후 5시 30분에 처음으로 발사되었다. 하지만 발사 후 겨우 34초 만에 추진에 실패하면서 로켓은 태평양의 검은 심연 속으로 추락해 버렸다. 연료 펌프 주입구의 1단에 위치한 나사가 부식되어 연료가 새어 나왔고 그 결과 로켓의 하단부에 불이 붙은 것이 원인이었다. 이후 통제된 폭발로 이어지며 연료가 모두 쏟아져 나왔다. 다행히 뒤이어 발생한 통제되지 않은 폭발과 충돌로 팰컨샛 2호는 잔해로부터 멀리 날아가, 오멜렉섬의 저장시설 지붕을 뚫고 나갔는데도 온전한 상태로 회수되었다. 심지어 NASA스페이스플라이트닷컴NASASpaceflight.com의 보도에 따르면, 선적컨테이너 옆에 착륙하기까지 했다.

팰컨1은 설계상 결함을 보완한 후 2007년 3월에 다시 한번 발사에 도전했다. 이번에는 NASA에서 보낸 두 종류의 실험적 탑재물도 실렸는데, 놀랍게도 스페이스X 역사상 최초로 우주에 도달했다. 하지만 아쉽게도 2단 로켓으로부터 1단이 분리되던 중에 서로 충돌하면서 2단 로켓이 경로를 이탈했고 2단의 연료에 내부 운동량까지 더해졌다. 그에 따른 관성이 반복되면서 선체의 자세 제어

시스템에 과부하가 걸려 통제가 불가능해졌고 끝내 궤도에 도달하지 못했다.

2008년 8월, 팰컨1 로켓의 세 번째 발사가 진행되었다. 이 발사에는 미 국방부 산하 작전대응 우주사무소의 트레일블레이저Trailblazer 위성을 비롯해 NASA의 큐브샛CubeSat(부피 1리터를 넘지 않는 초소형 인공위성-옮긴이) 2기와 셀레스티스Celestis(우주 장례 서비스를 제공하는 미국의 민간 기업-옮긴이) 우주장례식(우주장) 화물이 탑재되었다. 이 로켓은 설계상 여러 부분이 수정되면서 2단 로켓이 개선되었고 재생 냉각 시스템을 갖춘 멀린 1C 엔진을 장착했다. 이 엔진은 내열 냉각 방식의 멀린 1A를 대체한 것이었다. 하지만 아쉽게도 단을 분리하는 과정에서 연결부에 문제가 발생했다. 원인은 재생 방식의 엔진 냉각 시스템이 초과 추력을 일으킨 것으로 밝혀졌다. 그 결과, 1단과 2단 로켓이 분리되면서 또다시 공중 충돌이 일어났다.

스페이스X가 연이은 두 번의 실패 원인을 깨달은 것은 바로 이때였다. 그래서 1단 로켓의 엔진을 중단한 후 2단과 분리하기 전 짧게 정지 상태를 유지하도록 했다. 중력, 가속도, 운동에너지, 공기 저항에 관한 물리학의 기본적인 성질과 로켓 발사에 적용되는 관성 역학을 고려한다면 손쉽게 찾아낼 만한 문제라고 생각할 수도 있다. 하지만 지나고 보면, 쉽게 드러나지 않고 짜증 날 정도로 파악하기 어려운 결함이 아니라 그저 단순한 문제여서 오히려 다행이었던 것 같다. 특히 탑재물이 실린 경우에는 말이다.

이 문제가 해결되면서 단 2개월 만에 팰컨1은 궤도에 도달하는데 성공한 최초의 민간 제작 액체 연료 로켓이 되었다. 특히 주요 성과로는 랫샛RatSat이라는 시험용 데모 위성을 궤도에 배치하는데 성공했다는 것이다. 그리고 2009년 7월에 있었던 팰컨1의 마지막 발사를 통해 말레이시아의 라작샛RazakSAT과 영상 위성이 궤도에 진입했다(라작샛은 국내 기업 쎄트렉아이가 제작해서 말레이시아로 수출한 위성이다-옮긴이). 이후 팰컨1을 보다 길어진 형태의 팰컨1e 모델로 교체할 계획이었지만, 결국 발사에 이르지는 못했다.

스페이스X는 팰컨1의 자리를 넘겨받을 더욱 거대한 로켓을 개발하기 시작했고, 소형 위성들은 더 길어진 형태의 로켓에 탑재할 수 있게 제작되어 더욱 큰 규모의 팰컨9 로켓을 통해 궤도에 오르게 되었다. NASA는 이미 2006년에 상업용 궤도 수송 시스템COTS 프로젝트의 일환으로 스페이스X와 계약을 체결했다. 우주왕복선은 몇 년 후면 퇴역할 예정이었기에, NASA는 국제우주정거장으로 화물을 운송할 수 있는 우주 비행 시스템을 구축하기 위해 더욱 범위를 넓혀 민간 기업에 공개적으로 사업을 제안한 것이다.

NASA와 계약해 스페이스X가 내놓은 모델은 드래곤 캡슐이었다. 드래곤 캡슐은 팰컨9 로켓 상단에 실려 상당한 양의 화물을 우주정거장으로 배송한 후 지구로 돌아오면 온전한 상태로 회수할 수 있도록 설계되었다. 2007년이 끝나갈 무렵, NASA는 상업 수송 서비스CRS 프로그램에 따라 12건의 임무를 스페이스X에 부여했다. 스페이스X는 스타트업으로 사업을 시작한 후 대략 6년 만에 세계에서 가장 성공적인 최첨단 우주 기관인 NASA의 전도유망한 운송 담당 업체가 되었다.

이것은 시작에 불과했다. 스페이스X는 드래곤 캡슐을 개발하는 가운데, 본격적으로 팰컨9 로켓 생산에 착수했다. 팰컨9는 2단 로켓으로, 그중 1단 로켓에 멀린 엔진 9기(그래서 팰컨'9'이다)가 장착되었다. 열 번째 엔진인 멀린 진공 엔진MVac은 2단에 장착되도록 설계했다. 초기 팰컨9의 엔진 배열은 격자 형태였고, 첫 발사는 오멜렉섬의 발사 시설에서 하기로 예정되어 있었다. 그러나 계획은 취소되었고, 그 대신 팰컨9 로켓의 첫 발사는 2010년 6월 4일에 우주 발사 단지 40에서 진행되었다. 이때 드래곤 우주선의 공기 역학적 구조를 그대로 모방한 시험용 우주선이 탑재되었다. 스페이스X의 주력 우주선이 된 드래곤 우주선은 상공으로 솟아오르면서 첫 궤도 비행을 성공적으로 수행했다.

팰컨9의 두 번째 발사는 그로부터 반년 후에 진행되었고, 미 정부의 큐브샛CubeSat들을 궤도상에 올렸다. 또한 이 발사를 통해 드래곤 우주선이 최초로 대기권 밖 우주에 도달해 지구 궤도를 두 바퀴 선회한 후 대기권에 재진입하며 무사히 귀환했다. 캘리포니아 인근 태평양에 착수한 선체도 회수했다.

상단: 2008년 12월 캘리포니아 스페이스X 본사에 보관된 멀린 엔진. 2단 로켓인 팰컨9의 1단에 멀린 엔진 9기가 장착된다.

상단: 드래곤 우주선을 탑재한 팰컨9 로켓이 상업 수송 서비스(CRS) 임무를 수행하기 위해 케이프 커내버럴의 발사 단지 40에서 우주정거장을 향해 발사되고 있다.

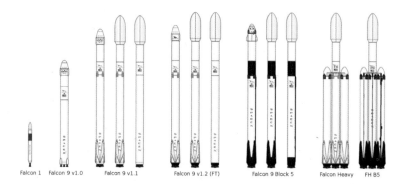

Falcon 1   Falcon 9 v1.0   Falcon 9 v1.1   Falcon 9 v1.2 (FT)   Falcon 9 Block 5   Falcon Heavy   FH B5

상단: 스페이스X가 제시한 팰컨 로켓의 변형 모델.

하단(좌): 스페이스X 드래곤 상업 화물 운반선이 2012년 5월 25일 국제우주정거장에 접근하고 있다. 드래곤 우주선은 우주정거장으로 발사된 최초의 민간 우주선이다.

하단(우): 팰컨9 로켓의 배기 노즐. 2단 로켓인 팰컨9는 1단에 멀린 엔진 9기가 장착되었다(그래서 팰컨'9'이다).

이렇게 여러 차례 성공적으로 성능을 입증하면서 NASA와 스페이스X는 다음의 두 가지 임무 목표를 하나로 합쳐 차기 시연 임무를 진행하기로 했다. 그에 따라 차기 발사에는 좀 더 기간을 연장해 자유 비행 임무와 국제우주정거장에서 도킹 없는 랑데부를 통해 화물을 운송하는 임무가 포함되었다. 드래곤 C2+라고 명명된 이 임무를 수행하기 위해 2012년 5월 22일에 로켓이 발사되어 5월 25일에 우주정거장에 도착했다. 우주선은 하모니Harmony 모듈의 최하단 포트에 정박해서 6일간 체류했다가 5월 31일에 귀환해 바다에서 회수되었다.

NASA와 협력 임무를 잇따라 성공시키면서, 스페이스X의 펠컨9는 NASA와 계약했던 대로 상업 수송 서비스CRS를 개시할 준비가 되었다.

인류는 화성에 정착할 수 있으며, 화성은
우리 세대와 미래의 많은 세대에게 신세계가 될 것이다.

4.

누가 우주의
거물이
될 것인가

코로나19의 출현으로 세상이 심상치 않게 변해 가는 동안, 우주 경쟁에서  의 세력 균형은 일론 머스크에게 더욱 유리하게 움직이는 듯했다. 하지만 늘 그랬던 것은 아니다. 거대한 전자 상거래 업체 아마존으로 수십억 달러를 벌어들인 제프 베이조스가 미래의 우주 거물이 되고자 2000년에 블루오리진Blue Origin을 설립한 것이다.

블루오리진은 우주여행 비용을 절감하고 접근성을 확장하는 방향을 택했다. 그런데 10년이 지나면서 마치 소리 없이 잠행하는 잠수함처럼 사업을 진행했다. 2003년에 블루오리진은 발사대를 설치할 토지를 매입하고 사업 계획을 준궤도 및 궤도 수송 시스템의 두 분야로 나누어 우주선 제작에 착수했다. 이들이 제작한 첫 번째 로켓은 실무 현장에서 고다드Goddard라고 불렸는데, 이는 로켓 공학의 아버지로 불리는 로버트 고다드Robert Goddard(1882~1945)의

상단: 블루오리진의 창립자 제프 베이조스가 2019년 국제우주연맹(IAF)이 주관하는 산업 우수상을 수상하는 자리에서 발언하고 있다.

하단: 뉴셰퍼드 캡슐에 탑승한 제프 베이조스와 다른 탑승자들이 중력이 거의 없는 미세 중력 상태를 즐기고 있다. 블루오리진이 개발한 재사용 가능한 준궤도 우주선인 뉴셰퍼드는 미국 최초의 우주비행사인 NASA의 앨런 셰퍼드의 이름을 따서 지어졌다.

이름을 따서 지어졌다.

고다드는 2006년에 성공적으로 첫 비행을 완수했지만 이후 좀 더 강력한 성능을 가진 로켓들에 자리를 내주며 퇴역했다. 블루오리진의 후속 모델은 미국 최초의 우주 비행사인 앨런 셰퍼드의 이름을 딴 뉴셰퍼드였다. BE-3 액화수소/액화산소를 사용한 단일 로켓 엔진이 장착되었고, 18미터 상공까지 도달했다. 유인 탑승 캡슐은 헬멧처럼 최상단에 탑재되었는데 큰 창을 내어 우주 공간에서 넓은 시야를 확보할 수 있게 제작되었다.

뉴셰퍼드의 운행은 단순한 경로를 따랐다. 뉴셰퍼드 로켓으로 유인 캡슐을 탄도 궤적으로 준궤도에 쏘아 올린 후 캡슐을 분리한다. 1단 로켓은 지구로 낙하하고 유인 캡슐은 계속 상승해서 최대 고도에 다다르면 캡슐도 지구 대기권을 향해 다시 낙하한다. 이때 탑승객들은 몇 분간 무중력 상태를 체험하고, 이어서 낙하산이 펼쳐지면 사막으로 매끄럽게 연착륙하는 방식이다.

이 시스템은 2011년에 처음 시험 발사를 수행했고, 1년 후 블루오리진의 첫 유인 캡슐이 성공적으로 발사대를 벗어났다. 이러한 개발 내용 대부분은 큰 주목을 받지 못하다가, 2019년에 블루오리진이 마치 신형 아이폰 공개 행사를 방불케 하는 대규모 이벤트를 개최하면서 세상에 널리 알려졌다.

인류의 우주 활동에 대해 베이조스가 가졌던 비전은 웅장한 규모에 중점을 두었다. 아마존 창립자는 단순히 달이나 소행성 기지나 화성 도시를 건설하는 것이 아니라 극한의 우주 식민지를 건설해서 엄청난 수의 인간이 거주하기를 원했다.

이 우주 식민지는 프린스턴 대학교의 물리학자 제럴드 K. 오닐Gerard K. O'Neill이 제안한 회전하는 실린더 형태의 식민지를 본뜬 것이다. 하지만 베이조스는 정작 식민지 건설을 추진하지는 않았다. 그가 생각하기에 기반 시설만 구축하고 나면 식민지 개발은 다음 세대의 몫이었다.

베이조스는 이 시점에서 블루오리진이 그러한 기반 시설로 여기는 것이 무엇인지를 공개했다. 바로 블루문Blue Moon이라는 이름의 달 착륙선이다. 반짝이는 네온 핑크와 보라색으로 뒤덮인 이 착륙선 모델은 인간의 키보다 몇 배에 달하는 크기로 마치 전설 속의 곤충 인간에 대한 거대한 오마주 같았다. 베이조스는 여러 명이 탑승할 수 있는 공간, 고효율 엔진 등의 여러 지표를 고려하면 블루문이 착륙선 발전 과정의 새로운 단계에 속한다고 말했다.

2020년대 초, 블루오리진은 뉴셰퍼드라는 준궤도 로켓을 성공적으로 개발했다. 이 로켓은 우주 투어를 목적으로 설계되어, 많은 비용을 지불한 고객들을 태우고 몇 분가량 우주 공간을 체험하게 하는 데 중점을 두었다. 2019년 《뉴욕타임스》의 보도에 따르면, 베이조스는 프레젠테이션에서 다음과 같이 말했다.

"우리는 우주로 가는 길을 구축할 것이며, 놀랄 만한 일들이 일어날 겁니다."

사업의 방향으로 보아, 그 놀랄 만한 일이 무엇이든 간에 우리 가운데 가장 부유한 이에게 먼저 일어날 일인 듯했다. 베이조스 본인 말이다.

2021년, 베이조스는 준궤도로 향하는 뉴셰퍼드의 첫 번째 유인 임무에 다른 세 명의 승

상단: 오닐이 구상한 우주 식민지 내부를 그린 상상도. 회전하는 원통의 구심력을 이용해 원통 내부에 인공 중력을 일으키는 원리다. 1979년 일본 애니메이션 〈기동전사 건담〉을 비롯한 많은 공상과학 시리즈에서는 이 형태를 우주 공간에 미래의 인간이 거주할 이상적인 방식으로 묘사했다.
오른쪽 상단: 뉴셰퍼드 부스터 앞에 선 NS-18 승무원들.
오른쪽 하단: 블루오리진의 뉴셰퍼드 우주 관제센터에서 뉴셰퍼드의 첫 비행을 앞두고 있는 제프 베이조스.

객과 함께 직접 탑승해 우주로 날아갔다. 이때 사용된 로켓 자체는 그간 30명 이상의 사람들을 우주로 실어 보냈던 재사용 가능한 1단 로켓이었다. 블루오리진은 뉴글렌New Glenn이라는 이름의 궤도 발사 시스템도 개발하고 있었다. 뉴글렌은 약 45톤의 화물을 적재할 수 있는 중량급 발사를 목표로 설계되었고, NASA의 아르테미스 계획에 참여해 달로 가는 발판의 역할을 수행할 예정이다.

실제로 NASA는 2023년 5월에 블루오리진을 아르테미스 달 착륙선의 두 번째 공급업체로 선정했다. NASA의 언론 보도자료에 따르면, 블루오리진은 달 표면에서 지속적으로 진행될 유인 탐사에 필요한 NASA의 유인 착륙 시스템의 요구 조건에 부합하도록 블루문 착륙선의 설계 및 개발, 테스트, 검증 작업을 수행할 것이다. 이 계약 사항에는 블루오리진의 시스템으로 루나 게이트웨이Lunar Gateway에 도킹하는 기능이 포함된다. 루나 게이트웨이는 NASA의 차세대 우주정거장으로, 달을 오가는 비행사들이 다른 우주선으로 갈아타거나 최첨단 실험을 수행하는 기지 역할을 할 것이다.

물론 블루오리진과의 계약은 NASA가 아르테미스 계획을 통해 달 탐사에 대한 야망을 이루는 데 필요한 달 착륙 시스템을 구축하려고 스페이스X와 첫 계약을 맺은 이후에 성사된 일이다. 이 사안에 대해서는 나중에 좀 더 자세히 살펴보자.

초창기 라이벌 리처드 브랜슨의 버진갤럭틱

스페이스X의 사업 초기에 또 다른 경쟁 상대가 있었다. 이 경쟁 업체는 적어도 기능이나 목표에서 인간의 우주여행은 '엘리트 전용'이라는 비전에 대해 확실히 선을 그었다. 바로 버진갤럭틱Virgin Galactic이다. 버진갤럭틱은 다양한 사업으로 억만장자가 된 리처드 브랜슨Richard Branson이 설립한 기업으로, 그의 목표는 일반인들에게 우주여행의 기회를 폭넓게 제공하고, 그에 더해 우주 기반 과학 연구를 지원하는 것이다. 2004년에 설립된 이 항공우주 업체는 당시만 해도 스페이스X급으로 성공할 수 있을 만큼 이른 시기였지만, 그 정도의 성과는 이루어 내지 못했다.

이에 개의치 않고, 버진갤럭틱은 간과하기 힘든 여러 상징적인 최초의 시도를 해냈다. 머스크와 베이조스의 업체가 로켓을 사용할 때, 브랜슨은 공중 발사 방식의 우주 비행선으로 발사 시스템의 방향을 잡았다. 우주에 도달하는 과정은 극히 높은 고도로 비행할 수 있는 대형 '모선mothership'에 우주 비행선을 탑재하는 방식으로 이루어졌다. 모선이 충분한 고도에 이르면, 탑승객을 태운 소규모 우주 비행선이 분리되면서 강력한 로켓을 발사해서 대기권과 우주 공간의 경계까지 급상승한 후 서서히 활공하며 일반적인 활주로를 통해 착륙하는 방식이다.

항공기 설계 전문가로 유명한 버트 루턴Burt Rutan의 업체인 스케일드 컴포지트Scaled Composites는 스페이스십원SpaceShipOne이라는

새로운 형태의 우주 항공기로 안사리 X 프라이즈Ansari X Prize(비영
리단체 X 프라이즈 재단이 주관한 민간 우주 비행 장려 기금으로, 민간 업체의 우
주선으로 2회의 유인 우주 비행에 성공한 첫 팀에게 1천만 달러를 수여했다–옮긴
이)와 상금 1천만 달러를 받으면서 이후 버진갤럭틱이 설립되었다.
이 항공기의 주요 혁신은 '셔틀콕'이라 불리는 디자인이었는데, 선
체가 대기권으로 재진입할 때 좀 더 안정적으로 비행하도록 뒷날
개가 위로 기울어질 수 있게 설계되었다. 이를 페더링feathering(날갯
짓) 시스템이라고도 한다.

화이트나이트원White Knight One이라는 이름의 모선은 스페이스
십원을 싣고 약 13.7킬로미터 상공까지 오른 후, 우주 비행선이 분

왼쪽: 버진갤럭틱의 창립자 리처드 브랜슨.
상단: 2010년 10월 22일 버진갤럭틱의 VSS 엔터프라이즈(VSS Enterprise) 우주선이 뉴멕시코주의 스페이스포트 아메리카(Spaceport America) 활주로에서 첫 공개 착륙을 완료했다.
하단: 버진갤럭틱의 우주 항공기 스페이스십원과 모선 화이트나이트원.

리되고 모선과 우주선 사이에 거리를 두기 위해 서서히 하강하다가 액체 및 고체 연료를 사용한 하이브리드 로켓을 발사했다. 일단 로켓이 점화되고 나면 비행선은 지평선 기준 65도라는 엄청난 각도로 추진되면서 머리가 핑핑 돌 듯한 마하 3.5의 속도(음속의 3.5배)

로 날아갔다. 엔진 구동이 멈춘 후에도 계속 상승해서 최고 고도가 100킬로미터를 넘었다.

국제적으로 인정하는 지구 대기권의 경계가 고도 100킬로미터다. 이를 카르만 라인Kármán line이라고 부르는데, 기술 면에서 스페이스십원은 최후의 변방까지 도달했다는 의미다. 엄청난 고도로 비행하는 동안, 탑승객들은 우주 항공기가 대기권의 경계로 재진입할 때까지 무중력 상태를 체험할 수 있었다. 이는 매우 흥미로운 발사 경로여서 브랜슨이 이 우주 항공기에 매료되어 버진갤럭틱을 설립한 것은 그다지 놀랄 일이 아니다.

사업을 개시하면서 버진갤럭틱은 스케일드 컴포지트에 스페이스십투SpaceShipTwo라고 명명된 2세대 우주 항공기 제작을 승인했다는 사실을 공개했다. 비행 방식과 디자인은 이전 모델과 유사하지만 총 여덟 명의 승객이 탑승할 수 있었다. 항공기의 설계 고도는 109킬로미터였으나 대략적인 규모는 스페이스십원의 2배에 달했다. 하지만 스페이스십투의 개발 및 시험 과정에는 훨씬 우여곡절이 많았다.

2007년에 실시된 로켓 모터 테스트 중 폭발이 일어나 세 명이 목숨을 잃었고 다른 세 명이 심한 부상을 입었다. 2014년에는 당시 회사가 보유하던 두 대의 스페이스십투 항공기 가운데 하나인 VSS 엔터프라이즈가 운항 도중 파괴되었다. 로켓 점화 후 11초 만에 기체가 공중 분해된 것이다. 조종사 피터 시볼드Peter Siebold는 상상조차 끔찍한 고도 14.5 킬로미터 상공에서 기체 밖으로 내동 댕이쳐졌다. 당시 보호 장비라고는 비행복뿐이었고 그는 음속보다 빠르게 날아갔다. 놀랍게도 시볼드는 성공적으로 낙하산을 펼쳐 지상에 도달했는데, 몇 군데가 골절되고 눈에 부상을 입었을 뿐 대체로 멀쩡한 상태였다. 하지만 부조종사 마이클 앨스버리Michael Alsbury는 그렇게 운이 좋지 못했다. 항공기 밖으로 빠져나올 길이 없었던 그는 기체가 공중 분해되던 순간이었는지, 추락하던 중이었는지, 아니면 지표면에 충돌하던 순간이었는지는 알 수 없지만 기체 잔해 가운데 조종석에서 그의 시신이 발견되었다. 이 비극적인 사고를 조사한 결과, 부스트 단계에서 날개가 페더링 또는 수직 모드로 설정된 탓에 공기 저항을 엄청나게 일으켜 결국 기체를 산산조각 냈다는 사실이 밝혀졌다.

미국연방교통안전위원회NTSB는 스케일드 컴포지트가 제작한 부품의 다른 결함들과 이 문제를 포함한 보고서를 공개했다. 기체 결함의 또 다른 원인은 전적으로 부조종사의 실수였다. 앨스버리가 날개의 페더링 시스템을 너무 일찍 작동시켰던 것이다. 비교적 낮은 속도인 마하 0.9에서 마하 1.1 상태에서는 기체 외부의 공기 흐름이 불균일하게 분포한다. 즉, 공기 흐름의 속도가 부분적으로는 초음속이고 다른 부분에서는 음속 이하로 떨어지는 것이다. 그 결과 공기역학 및 관성적 하중이 발생해서 기체가 산산조각 난 것이다.

그 외에 다른 문제들도 있었지만, 버진갤럭틱은 이 암흑기를 이겨 내고 스케일드 컴포지트의 개발을 넘겨받아 계속 사업을 추진했다. 예전 협력업체에서 제작한 또 다른 우주 항공기 VSS 유니티 VSS Unity는 2023년 6월 29일에 이 회사의 여섯 번째 우주 비행에 성공했다.

하지만 당시 버진갤럭틱은 이미 우주 항공기의 후속 모델을 도

상단: 버진사의 직원들이 버진갤럭틱의 스페이스십투 우주 항공기 시험 모델 내부에 앉아 있다.
오른쪽: 미국연방교통안전위원회(NTSB) 직원들이 폭발한 버진갤럭틱 기체의 잔해를 살펴보고 있다.

입한 상태였다. 스페이스십스리SpaceShipThree 등급으로 명명된 이 신형 모델은 더욱 개선되어 유지 절차가 더 수월해졌다. 버진갤럭틱의 유인 우주선과 병행해서 브랜슨이 소유한 또 다른 기업인 버진오빗Virgin Orbit도 경량급 탑재물을 궤도로 수송하는 발사 시스템을 구축했다. 여기에 사용된 모델은 개조된 보잉 747기로 2단 로켓을 장착해서 사용했다.

발사체는 런처원LauncherOne이라는 이름의 2단 로켓이었다. 지구에 대한 태양의 상대적 위치에 동기화된 궤도로 최대 무인 화물을 300킬로그램까지 탑재할 수 있었다. 또는 지구 저궤도까지 500킬로그램의 화물을 운반할 수도 있었다. 그러나 이 발사체는

겨우 여섯 차례 발사를 시도했고 그중 네 번만 성공했다. 버진오빗은 훗날 파산하여 2023년 5월 모든 자산을 매각하고 폐업했다.

다만 2023년에 실시된 버진갤럭틱의 최근 비행 상황을 보면 리처드 브랜슨의 민간 항공우주 기업은 아직 경주에서 낙오되지는 않은 듯하다(그러나 2023년 12월 리처드 브랜슨이 버진갤럭틱에 더 이상 자금을 투자하지 않겠다고 선언하면서 주가가 급락한 상황이다-옮긴이).

버진갤럭틱의 우주 항공기에 탑승하는 총비용은 공식 웹사이트에 따르면, 2023년 7월 현재 45만 달러다. 우주에 접근할 기회를 평등하게 부여하자는 주장과는 사뭇 동떨어진 가격이다. 하지만 현재로서는 여전히 민간 우주여행을 제공하는 세 업체 가운데 가장 비용이 저렴하다.

NASA는 누구와 계약할 것인가: 베이조스 vs. 머스크

지난 수십 년간 실행되어 온 우주 비행 구조를 개선해서 지구 인류를 위해 우주 탐사의 의지를 모아 서비스하는 것은 숭고한 목표이다. 그러나 인간의 창의성을 한계까지 밀어붙이며 신세계를 향한 모험에서 패기를 시험하려는 움직임이 없다면, 우주에서의 인간 활동은 정체되기 시작할 것이고 그저 상업적·오락적 수단으로 전락해 버릴지도 모른다. 그렇다고 해서 베이조스나 브랜슨의 기업이 추진하는 우주관광 산업이 몰락해 가는 방종한 사회의 퇴행을 암시한다는 뜻은 아니다. 하지만 새로운 도전 없이는 최상류층의 은행 잔고 따위가 아닌, 인류가 어떻게 의미 있는 방향으로 성장해 나가는지를 파악하기 어렵다.

이는 NASA가 아르테미스 계획을 시작한 이유이기도 하다. 이미 탐사가 이루어진 우주 공간의 끝자락에 인간을 데려다 놓아 거기서부터 거대한 암흑의 심연으로 한 걸음 더 나아가게 함으로써 앞으로 올 세대들에게 영감을 주려는 것이다. 그런데 아르테미스 계획이란 무엇일까? 스페이스닷컴Space.com의 기사를 참조해서 간략히 설명하자면, 이 계획은 사실상 NASA가 인류를 달에 다시 보낼 의도로 이미 추진 중이던 몇 안 되는 초기 목표들을 나타내는 포괄적인 용어다.

이러한 달 탐사 계획은 미국 도널드 트럼프 대통령의 우주 정책 지침 1에 따라 시행되었다. 이 지침은 NASA가 달에 관련된 임무에 주안점을 두게 한다. 그리고 2019년에는 마이크 펜스Mike Pence 부통령이 우리는 2024년까지 달의 남극에 인간을 데려다 놓을 것이라고 연설하면서, NASA의 목표 달성 시한을 단축시켰다.

이러한 야심 찬 계획 중에서도 아르테미스 임무는 달에서의 체류를 발판으로 궁극적으로 화성에서의 유인 탐사를 목표로 삼는다.

이 책을 쓰는 현시점에 우리는 아직 화성에 로봇들만 보낸 상태지만, NASA는 2030년대에는 화성 표면에 최초의 인간을 올려놓을 목표를 가지고 있다.

앞서 우리는 로버트 주브린이 제안한 마스 다이렉트 프로그램에서 달이나 다른 어딘가를 중간 기점으로 삼지 않고, 화성으로 직행하는 방안에 대해 살펴보았다. 달에서부터 시작한다는 논리는 우리가 우주를 탐험하는 종족으로서 전문성과 지식을 확장할 필요성을 고취시킨다. 지구로부터 너무나 멀리 떨어져 있어서 위급 상황에도 긴급 구조를 할 수 없는 곳에 영구적인 인간 정착지를 건설하기 전에, 우주 탐사 능력을 더욱 향상시키고 거주할 가치가 있는

하단: 버진갤럭틱의 스페이스십투 우주선인 VSS 유니티. 2016년 2월 19일 모하비 우주 공항에서 열린 첫 공개 행사 중에 촬영되었다.
오른쪽: VSS 이매진(Imagine)은 버진갤럭틱의 두 번째 준궤도 로켓 구동 유인 우주 항공기였다.

생활환경을 조성하기 위한 도구를 마련할 필요가 있기 때문이다.

NASA의 우주 비행사 스티븐 스완슨Steven Swanson은 현재 우주 임무에서 퇴역했으나 200일 가까이 국제우주정거장에 체류한 경험이 있다. 그는 미래의 화성 탐사 임무에 관해 자급자족 능력이 필요하다고 말한다.

"진정한 목표는 화성입니다. 그리고 우리는 달을 시험대로 사용할 것입니다. 화성 탐사는 굉장히 어려운 과제이기 때문이죠."

스완슨은 과학 잡지《작동 원리How It Works》 2020년 11월호에서 이같이 말했다.

"화성 탐사에는 거의 3년이 걸릴 테고, 화성에 가게 되면 집에 일찍 돌아올 수도 없죠."

또 스완슨은 이렇게 덧붙였다.

"화성에 이르는 여정에만 7~8개월이 걸리고 다시 화성이 정확한 위치에 배열되어 지구로 귀환할 수 있을 때까지 그곳에서 15개월을 대기해야 합니다."

그러나 스완슨과 NASA의 관점에서 달은 우리의 즉각적인 관심을 끌 만한 다른 요소들이 있다.

"우리는 달을 또 다른 과제를 위한 시험대로도 사용할 수 있습니다. 우리가 달 현지에서 실질적으로 어떻게 물질 자원을 수집할 수 있는지 그리고 수집된 자원으로 연료 생산이 가능한지도 알아낼 수 있겠죠."

2019년 5월 14일, 달과 그 너머로의 유인 임무 활동에 아르테미스라는 새로운 이름이 주어졌다. 당시 NASA 국장이었던 짐 브라이든스타인Jim Bridenstine은 그 이름에는 시대를 반영하려는 의도도 있다고 말했다. 포용성이라는 기치 아래 달을 탐사하는 최초의 여성이 나올 수 있으므로 그 점을 참고했다는 것이다(아르테미스는 그리스 신화에 등장하는 달의 여신이다-옮긴이). 그는 이렇게 말했다.

"제게는 열한 살 된 딸이 있습니다. 저는 딸이 미래에 달에 가는 여성들과 같은 역할을 할 수 있기를 희망합니다."

물론 인류가 단지 자신과 동일한 성별의 인간에 의해서만 영감을 얻을 수 있다고 생각한다면 매우 곤란하다. 남성들은 수십 년 동안 〈에일리언〉 시리즈에서 시고니 위버Sigourney Weaver가 연기한 '엘렌 리플리'라는 여성을 통해 즐거움을 느끼고 영감을 받기도 했다. 마찬가지로 여성도 〈스타워즈〉 시리즈의 루크 스카이워커나 〈스타트렉〉의 피카드 선장과 같이 너무나 잘 알려진 남성 캐릭터로부터 영감을 받아왔다.

어쨌거나 인간이 우주 공간에서 지속적으로 거주하려면 지구 대기권 너머의 혹독한 주거 환경에서 번성할 수 있는 모든 유형의 인간이 필요할 것이다.

아르테미스 계획은 위험성이 워낙 크기에 만반의 준비가 필요하다. 지구 저궤도 너머에서 인간의 활동 영역을 확장하고 달까지 상업 활동을 이어가는 것 이외에도, 현재 중국과 인도, 그들의 동맹국들은 우주에서 역량을 빠르게 키워 나가는 중이다. 이는 미국의 국가 안보(그리고 세계에서의 상업적 우위)에 직결되는 문제로, 21세기가 이어지면서 미국이 신진 강대국들에 뒤처지는, 용납할 수 없는 위험이 실제로 일어날 수도 있다.

하지만 NASA가 보유한 기술적 역량과 상관없이, 2024년까지 21세기 최초로 다시 한번 인간을 달에 올려놓겠다는 NASA의 계획은 예정대로 이루어지지 않았다. 지연되는 이유는 다양하지만, 일부

(적어도 NASA의 관점에서)는 제프 베이조스의 블루오리진에서 제기한 소송 때문이라고도 할 수 있을 것이다.

2021년 블루오리진은 NASA가 달을 재방문할 때 사용할 최초의 상업적 유인 착륙선의 개발 및 운영 계약을 스페이스X와 단독으로 체결한 것은 잘못된 결정이라고 여겼다. 이 계약은 290억 달러에 상당하는 엄청난 규모의 거래였다.

게다가 드레이퍼Draper, 록히드 마틴, 노스롭 그루먼Northrop

Grumman 같은 다른 항공우주 개발업체 중에서도 스페이스X가 블루오리진을 앞질렀다는 사실이 베이조스는 달갑지 않았다. 이에 대해, NASA의 달 착륙선 계획 책임자 리사 왓슨-모건Lisa Watson-Morgan은 블로그에 다음과 같은 글을 남겼다.

NASA의 아폴로 계획은 세상의 이목을 집중시켰고, 미국이 보유한 비전과 기술력의 힘, 그리고 할 수 있다는 정신을 세상에 보여 주었다. 그리고 우리는 아르테미스 계획도 그와 마찬가지로 훌륭한 성과와 혁신을 이루

고 과학적 발견을 고취시키기를 기대한다. 우리는 NASA와 스페이스X의 파트너십이 아르테미스 임무를 성공적으로 수행하는 데 도움이 되리라 확신한다.

많은 이들이 아르테미스 계획의 거시적인 의미는 잠재적으로 인류의 미래 그 자체라고 여겼다. NASA나 미국과 미국의 이해관계에 따른 결정이 인류에게 주어진 마지막 기회라고 가정했을 때, 만일 미국이 다시 달로 돌아가지 않는다면 어느 누구도 갈 수 없을 것이다. 그리고 우리가 지구 저궤도 너머의 다른 세계에 정착하지 않는다면, 결과적으로 약 10억 년 후 너무나 뜨거워진 태양이 지구의 대양을 끓어오르게 하고, 그에 따라 지구가 인간의 삶을 지탱하는 능력을 상실함에 따라 우리는 모두 이곳에서 죽음을 맞이할지도 모른다.

지정학적인 문제를 이야기하자면, 중국의 우주 계획은 이미 달 표면과 화성에 도달했으며, 2023년 현재 중국은 지구 궤도상에서 완전히 가동되는 유인 우주정거장을 자체적으로 운영하고 있다. 간단히 말해, 미국이 다시 달에 가지 않는다고 해도 그 누군가는 가게 될 것이다. 두말할 필요도 없이 우주에서 미국의 명성을 유지하는 데 동참하는 특출한 기업이 된다는 것은 잠재적으로 보면 어떠한 신생 업체든 확고한 브랜드 전략이 된다. NASA의 달 착륙선 계약 경쟁이 그토록 치열했던 이유가 여기에 있다.

원래 NASA는 아르테미스 계획에 민간 항공우주 업체 두 곳과 계약을 체결할 것이라고 말했다. 하지만 머스크가 단독으로 이 계약을 따내면서 블루오리진(그리고 여타 업체들)은 모욕감을 느꼈다. 《뉴욕타임스》에 따르면, 계약 성사가 발표되고 불과 며칠 후 블루오리진은 미국 회계감사원GAO에 장장 50페이지에 달하는 항의 서한을 제출했다. 《뉴욕타임스》 기사에서 블루오리진의 최고 경영자 밥 스미스Bob Smith는 다음과 같이 말했다.

"NASA가 이러한 과오를 범한 것은 정말 이례적인 일입니다. 그들은 대개 조달 관련 업무에 상당히 능숙하죠. 미국을 다시 달 표면에 올려 보내려는 계획 같은 주력 사업에 대해서라면 특히나 그렇죠. 우리는 이러한 실책은 지적받아 바로잡을 필요가 있다고 느꼈습니다."

NASA 같은 기관을 상대로 공식 항의서를 작성할 때 어떤 어조로 글을 써야 하는지 판단하려면 머리가 아플 것이다. 하지만 머스크는 《뉴욕타임스》의 단독 보도에 실린 이러한 불만에 대해 트윗으로 간단하게 응수했다.

"궤도까지 올라가지도 못하잖아, 하하!"

2021년 7월, 블루오리진은 베이조스의 서명이 담긴 공개서한을 작성했다. NASA는 계약 결정을 재고해야 하며, 스페이스X의 단독 계약이 아니라 블루오리진과의 계약도 연장해야 한다고 주장하는 내용이었다. 베이조스는 거래를 원활하게 진행시킬 의도로 20억

달러를 자체적으로 충당하겠다고 NASA에 제안했다. 이 서한에서 그는 블루오리진이 획기적인 기술업체들로 구성된 '국가 대표팀'의 형태를 논의해 왔으며, 여기에는 드레이퍼, 노스롭 그루먼을 비롯해 미 전역 47개 주에 위치한 200개 업체가 포함된다는 내용을

덧붙였다.

다시 말해, 베이조스는 이 사안이 단지 자신에게만 관련된 문제가 아니라 NASA가 스페이스X를 선택하면 달 착륙선 계약에서 배제된 수백 개 업체에서 일하는 선량하고 성실한 미국인들에 관한 문제라고 주장했다. 베이조스는 블루오리진과 연계된 엔지니어링 업체들이 훨씬 더 광범위한 기술적 노하우를 보유하고 있으므로 인간을 달에 다시 보내는 데 사용되는 모든 종류의 우주선과 호환 가능한 달 착륙선 시스템을 구축할 수 있다고 강조했다.

베이조스는 이러한 다양한 기술 집단을 통해 아르테미스 계획의 실패 위험이 현격하게 줄어든다고 보았다. 그리고 그의 주장은 사실 NASA 자체의 논리를 부정하는 것이 아니었다. 왜냐하면 NASA는 원래 두 업체가 독립적으로 달 착륙선을 제작하는 방식을 제안

하면서 그 근거로 다음의 내용을 제시했기 때문이다.

- 임무 수행 시 위험 감소
- 개발 지연 방지
- 비용 상승 방지

이로써 블루오리진의 입지는 NASA의 발사 역량에 따른 단순한 대체 수단에 불과하게 되었다. 즉, NASA가 수시로 달라지는 연방 자금 지원에 의존하지 않고 우주 산업에서 NASA의 자율성을 극대화하는 동시에 재정 공백을 채우는 역할을 맡은 것이다. 물론 베이조스가(혹은 이 문제에 관해서라면 머스크가) NASA가 우주로 나아가기 위해 필요한 공학 기술의 열쇠를 쥐고 있는 한, 엄밀히 말하자면 NASA가 지구상에서 가장 강력한 힘을 가진 억만장자 한 사람 혹은 여러 사람의 손아귀에 들어가는 형국이 될 것이다. 하지만 따지고 보면 이러한 방식을 요청한 것은 NASA 측이었다. 아무도 NASA에 억만장자의 원조를 받아들이라고 강요하지 않았기 때문이다.

2021년 7월이 거의 끝날 무렵, 미 회계감사원GAO은 NASA와 스페이스X의 계약과 관련해 블루오리진의 항의에 반박했다. 이로써 NASA의 사업에 참여해 달 착륙선을 제작하려는 베이조스의 꿈은 큰 난관에 봉착했다. 미국의 감시 기구인 GAO는 이 사안에 관한 의견을 공개했다.

"NASA는 스페이스X에 총평가액 2,941,394,557달러의 계약을 발주했다. 스페이스X의 제안서가 가장 높은 등급 및 가장 낮은 비용을 제시한 점에서 주목했고, 블루오리진과 다이네틱스Dynetics가 제시한 비용은 상당히 높은 액수였다. 또한 NASA 당국은 2건 이상의 계약을 성사시키기에는 자금이 부족하다는 결론을 내렸다."

이 판결을 통해 NASA는 스페이스X와 단독 계약을 체결한 과정에서 과실을 범했다는 혐의를 벗었다. 그에 따라 베이조스의 블루오리진은 자체적으로 성명을 냈다. 테크크런치TechCrunch의 기사에 따르면 그 내용은 이러하다.

"우리는 NASA의 결정에 근본적인 문제가 있었다는 확고한 믿음을 가지고 있다. 다만 GAO는 관할권의 제약으로 이 문제를 제대로 다룰 수 없었을 뿐이다. 우리는 계속해서 두 곳의 달 착륙선 공급자를 즉시 선정하라고 주장할 것이다. 그것이 옳은 해결책이라고 믿기 때문이다."

이에 늘 그렇듯 억만장자의 허세를 부리며, 머스크는 'GAO'에 근육맨 이모티콘을 덧붙인 짤막한 트윗을 남겼다. 이에 동요하지 않고, 블루오리진의 대변인은 이 결정을 뒤집을 방안을 모색할 것이라고 말했다. 그들은 의회가 상원 법안에 NASA가 달 착륙 시스템에 대해 의무적으로 두 곳 이상의 업체와 계약하도록 하는 내용이 들어간 새로운 조항을 마련하는 데 기대를 걸었다.

왼쪽: 블루오리진의 블루문 착륙선. NASA의 아르테미스 계획의 일환으로 우주 비행사들을 다시 달로 올려놓을 것이다.

블루오리진의 그러한 낙관론은 결실을 얻지 못하다가, 결국 2023년 5월에야 NASA는 공식적으로 두 번째 아르테미스 달 착륙선 공급자로 블루오리진을 선정했다. NASA의 당시 보도자료를 보면 이 계약에 관해 다음과 같이 이야기한다.

"앞으로 블루오리진은 NASA의 유인 착륙 시스템을 통해 달 표면에서 지속적인 유인 탐사가 진행되는 데 필요한 요구조건을 충족하도록 블루문 착륙선을 설계·개발·시험·검증하게 될 것이다. 여기에는 달 궤도로 환승할 수 있는 우주정거장인 루나 게이트웨이Gateway에 도킹하는 기능도 포함한다."

34억 달러 규모의 해당 계약은 2029년으로 예정된 아르테미스 5호 달 착륙선에 블루오리진의 항공우주 서비스를 적용하는 것을 목표로 사업에 착수한다.

《포브스Forbes》의 기사에서 블루오리진의 존 쿨루리스John Couluris 부사장이 이야기한 내용에 따르면, 블루오리진은 특히 NASA의 의뢰 사항을 충족시키는 것을 목표로 '34억 달러를 훨씬 웃도는' 자금을 투입할 계획이다. 블루오리진은 우선 달 표면으로 무인 시연 임무를 성공시켜야만 아르테미스 계획에 당사가 제작한 모듈을 제공할 수 있을 것이다.

스타링크 위성의 출현

2023년에 들어서면서 기나긴 경주에서 스페이스X를 따라잡으려는 블루오리진의 노력이 마침내 성과를 보이는 듯했지만, 스페이스X는 우주 자산에 관해 더욱 다각적인 포트폴리오를 통해 선두 주자로서 이미 격차를 벌리고 있었다. 즉, 스페이스X의 스타링크Starlink 위성 개발이 거의 막바지에 들어서고 있었다. 스타링크 위성은 세계 전역에 인터넷망을 공급하려는 목적으로 제작되었다. 2015년 1월에 이 사업이 처음 발표될 때만 해도 오늘날 우리가 아는 프로젝트 명칭이 결정되지 않은 상태였다. 여러 국제 규제 기관에 처음 접수된 기록을 보면, 최종적으로 위성 4천 기가 지구 저궤도에 배치될 것이라고 예상했다.

"우리가 실제로 논의 중인 내용은 바로 장기적으로 우주 공간에 인터넷망을 구축하는 것입니다."

스페이스닷컴의 보도에 따르면, 머스크는 시애틀에서 진행된 프로젝트 공개 행사 연설에서 이같이 선언했다. 이후 머스크가 전 세계적인 인터넷 연결망 공급으로 벌어들일 목표 수익을 약 1조 달러로 설정하면서, 서비스 공급에 필요한 위성의 수도 그가 초기에 추정했던 예상치보다 늘어났다. 이러한 이론상의 수익은 향후 화성에 인류를 정착시키려는 머스크의 도전에 도움이 될 것이다. 하지만 그 전에 당장 해결해야 할 일반적인 문제가 있었다.

첫째로, 1990년대를 경험한 독자라면 위성 인터넷이 엄청나게 느릴 수 있다는 사실을 기억할 것이다. 위성을 비교적 낮은 궤도인 약 550킬로미터 상공에 배치하면 영상 통화, 온라인 게임 등을 즐기는 데 문제가 없다.

위성 자체는 최대 1Gbps(초당 얼마나 많은 양의 정보를 보낼 수 있는지를 나타내는 단위-옮긴이)의 인터넷 속도를 제공할 수도 있으므로 인터넷을 많이 사용하는 가정에 적합한 수준이다. 희미하고 이름도 없던 예전의 위성과 달리 오늘날에는 인터넷 위성을 흔히 볼 수 있게 된 이유는 바로 데이터 전송률이 더욱 높아졌기 때문이다.

스타링크 위성은 팰컨9 로켓에 탑재되어 발사되는데, 일반적으로 발사 1회당 60기가 한꺼번에 올려진다. 약 440킬로미터 상공에서 위성을 방출해서 궤도에 진입시키고 나면 각 위성은 태양광 패널을 펼친다. 위성 자체에 추진기가 달려 있어서, 최종 배치 고도인 약 550킬로미터까지 상승해서 궤도를 돈다. 특히 이 고도는 국제우주정거장보다 약 160킬로미터 높지만, 이전 세대의 통신 위

성의 고도에 비하면 훨씬 낮은 수준이다.

텔레비전에 사용되는 위성은 훨씬 높은 고도를 유지하는데, 그렇게 되면 지구상의 더 많은 위성 안테나가 방송을 수신할 수 있다. 생각해 보면 비용 면에서 훨씬 더 효율적인 방식이다. 지상에서도 더 높은 곳에서 지평선을 바라볼 때 더 먼 곳까지 시야가 확장되는데, 궤도에서도 마찬가지다(지구가 둥글기에 어느 정도까지만).

그러나 고도가 높아지면 그만큼 통신 속도는 떨어진다. 반대로 말하면, 통신 속도를 더욱 빠르게 하려면 위성을 지표면에 보다 가깝게 배치해야 하는데, 그러면 위성 1기당 서비스 가능한 지역의 면적이 줄어든다. 따라서 스페이스X는 엄청난 수의 스타링크 위성, 일명 '스몰샛smallsat(소형 통신 위성)'을 발사했다.

스몰샛은 250킬로그램을 웃도는 크기로 워낙 소형이라 사용자가 신호를 수신해서 인터넷 서비스를 이용하려면 지상용 안테나를 구매해야 한다. 특이하게도 이 안테나의 이름 역시 '스타링크'다. 다만 정식 명칭보다는 '디시 맥플랫페이스Dishy McFlatface'나 '막대에 꽂힌 UFO'라는 별명으로 잘 알려져 있다. 섭씨 50도 이하의 환경에서 사용할 수 있으며, 한 위성이 해당 지역의 상공을 벗어나면

곧바로 다음 위성이 접근하므로 인터넷이 끊어지지 않고 공급된다.

스타링크 개발 초기 계획은 근접한 위성들이 서로 레이저를 이용해 통신할 수 있도록 만드는 것이었다. 그러나 첫 발사 때 올려 보낸 위성들에는 이러한 기능이 없었다. 다만 스페이스X는 2021년 8월 이후에 발사될 모든 자사 위성에는 위성 간 통신을 지원하

하단: 지구 궤도상에 펼쳐진 스타링크 위성을 묘사한 상상도.
오른쪽: 장시간 노출 파노라마로 촬영한 지상에서 바라본 밤하늘. 별을 비롯해 비행기, 유성, 스타링크 위성이 포착된다.

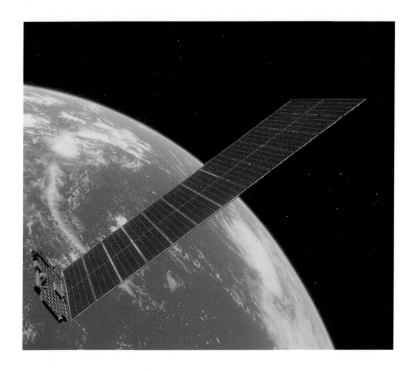

는 레이저 기능을 포함시켜 지상 기지국에 대한 의존도를 줄일 것
이라고 발표했다.

스타링크 프로젝트의 엄청난 규모에 천문학자들은 그렇게 밝은
빛을 내며 공전하는 물체들 때문에 지상에서의 우주 관측에 방해
가 될 거라는 우려를 표했다.

스타링크 시스템은 순전히 위성의 수량만으로도 사실상 우주 공
간에서 충돌을 일으키는 매우 위협적인 존재다. 미국과 중국을 포
함한 여러 국가가 여전히 문제 해결의 초기 단계에 머물러 있다 보

니 우주 쓰레기 문제가 이미 심각한 상황인데 결과적으로 더 큰 문제를 일으킬 수 있는 것이다.

마지막 사안도 역시 중대하다. 바로 스타링크 위성의 수명에 관한 문제다. 스타링크의 수명은 약 5년으로, 수명이 다한 위성은 궤도를 이탈해 대기권으로 진입하면서 소각된다. 스타링크 위성의 수가 계속 늘어나면서 소각되는 위성의 숫자도 전례 없이 증가할 것이다. 그에 따라 지구의 기후에 예측하지 못한 변화를 일으킬 수도 있다.

스타링크는 천문학에 방해가 될 것인가?

2021년 5월, 학술지 《사이언티픽리포트Scientific Reports》에 게재된 캐나다 학자 애런 볼리Aaron Boley의 논문에서 알루미늄 소재의 스타링크 위성이 지구 대기권에 재진입하는 과정에서 소위 알루미나라고 하는 산화알루미늄이 생성된다는 점을 지적했다. 알루미나는 오존층 파괴를 일으켜 잠재적으로 대기권에서 태양열이 반사되는 비율을 줄어들게 할 수 있다.

스페이스닷컴의 기사에 따르면, 볼리는 "알루미나는 특정 파장의 빛을 반사시킨다. 따라서 많은 양의 알루미나가 대기권에 버려지면 산란입자를 생성해서 결국 지구의 알베도(행성이 반사하는 태양광선의 비율-옮긴이)가 변화할 것이다."라고 주장했다.

일단 다시 천문학적 측면으로 돌아가 보자. 지상에서 스타링크 위성을 관측하려면 망원경도 필요 없다(심지어 위성의 위치를 추적하는 웹사이트도 있다). 미 전역이나 그 밖의 지역에서 맑은 날 밤하늘을 올려다보며 기다리면 된다. 천체 관측 장비를 사용한다면, 가령 우주 먼 거리의 대상을 추적하는 방식으로 장시간 노출(비교적 '어두운' 대상에 필요한 방법이지만)을 이용한다면 하늘을 가로지르는 기다란 흰 빛줄기가 드러날 수도 있다. 그것이 바로 우주의 풍경을 가로지르는 스타링크 위성의 궤적이다.

지금 만약 아르크투루스(봄 하늘에 관측되는 목동자리의 알파별-옮긴이)를 관측하고 싶다면 별자리 지도를 참조하면 된다. 재미도 있고 실제로 손 안에 천체의 움직임을 쥐고 있는 기분이 든다. 아이들에게는 마법 같은 경험이 될 것이다. 그러나 천문학 전문가들로서는 밤하늘에서 스타링크 위성들의 존재를 확인했을 때 기분 좋을 리 없었다. 미국 애리조나의 로웰 천문대에서 촬영한 유명한 별자리 사진을 보면 이 문제가 확연히 드러난다. 게다가 베라 루빈 천문대 같은 곳은 유례없는 수준의 정밀도로 전 우주를 관측하도록 설계되었는데, 이렇듯 고도로 정밀한 망원경을 사용하는 과학자들은 걱정이 태산이었다.

2019년 6월, 국제천문연맹IAU은 우주 관측에 방해가 되는 스타링크에 대해 중대한 우려를 표하는 성명을 냈다. 다음은 그 내용이다.

상단: 위성이 지구 대기권으로 낙하하면서 발생하는 파괴적인 불덩이를 묘사한 상상도.
오른쪽: 컴퓨터 그래픽으로 묘사한 지구 저궤도에 퍼져 있는 우주 쓰레기들. 우주 쓰레기가 늘어날수록 우주 공간을 이동하는 개체 간의 충돌이 잦아지므로 우주에서 수행되는 어떠한 임무라도 위험에 처할 수 있다.

많은 수의 위성 집단은 현재와 미래의 주요 천문학 기반 시설을 약화시키거나 그에 중대한 위협을 가할 수 있다. 따라서 우리는 이들 위성의 개발자 및 궤도 배치 책임자를 비롯해 의회에서도 천문학 공동체와 함께 위성의 군집이 주는 영향을 분석하고 이해하기 위해 협력해 주기를 촉구한다.

2021년 8월에는 우주학 연구 그룹Astronautics Research Group을 이끌고 있는 사우샘프턴 대학교의 휴 루이스Hugh Lewis가 스페이스 닷컴과 인터뷰를 했다. 그는 스타링크 위성들이 지구 저궤도를 지나는 모든 우주선의 주요 충돌 위험 요인이라고 말했다. 한 무리의 위성이 새로 올려 보내질 때마다 이들 위성 간에, 또는 다른 개체

들을 상대로 가까스로 충돌을 피하는 빈도가 점점 증가하고 있다. 루이스의 추정으로는 스페이스X가 허가받은 위성 1만 2천 기 전부를 궤도에 배치하면, 궤도상에서 일어나는 충돌 직전의 상황 중 90퍼센트가 스타링크에 의해 발생할 수 있다.

천문학의 측면으로 다시 돌아가 보면, 미 천문학학회는 2022년 10월에 발간된 보고서에서 빛 공해와 관련해서 스타링크 위성의 거대한 무리에 따른 여러 유해 효과를 비교했다. 빛 공해란 야간에 엄청나게 밝은 도시의 조명으로 인해 천체 관측에 방해가 되는 현상을 말한다. 다시 말해, 수만 기의 스타링크 위성으로 지구 저궤도를 가득 채우면, 위성 본체에 태양광이 확산 반사되면서 밤하늘이 2~3배 밝아질 수도 있다.

스타링크 위성을 잘 피하기만 하면 지구 기반의 천문학 연구도 진행할 수는 있다. 개인적으로 이 문제가 실제로 연구 자체를 방해하는 결정적인 요인으로 보이지는 않는다. 다만 앞으로의 우주 기반 상업 활동이 자연에 대한 탐구와 감상에 방해가 될 수 있다는 점을 보여 주는 선례로 이 문제는 우리와 최후의 개척지 사이에 점차 늘어나는 장애물 중 첫 번째 사례가 될 수도 있다.

사회의 한 구성원으로서 판단하기 쉽지 않은 문제다. 합리적인 비용으로 전 지구상에 초고속 인터넷을 공급하겠다는 목표는 제3세계 국가들이 교육 자료나 정보 자원에 더욱 쉽게 접근하는 데 크게 도움이 될 수도 있다.

또한 스타링크를 통해 자연재해나 전쟁과 같은 지역적인 긴급 상황에서 해당 지역을 외부와 연결해 줄 수 있다면 그야말로 대단한 일이다. 스타링크의 홈페이지 메인 화면에는 다음과 같은 소개 글이 나온다.

스타링크는 인터넷 연결이 불안정하거나 완전히 불가능했던 지역들에 매우 적합하다. (⋯) 전 세계 사람들이 교육, 건강 서비스에 접근하거나 심지어 자연재해가 발생했을 때 통신 수단으로 스타링크를 활용하고 있다.

그런데 지금까지 발사되어 운용 중인 스타링크 위성의 규모는 빙산의 일각에 불과하다. 2019년 10월 스페이스뉴스SpaceNews의 최초 보도에 따르면, 스페이스X는 3만 기 이상의 스타링크 위성을 궤도에 올려 보내겠다는 계획서를 국제전기통신연합ITU에 제출했다. 이 숫자는 이미 허가된 1만 2천 기에 추가되는 양으로, 천문학자나 우주 전문가, 그리고 스페이스X의 열렬한 지지자들은 저마다의 관심사에 따라 이를 환영하거나 비난했다.

2023년 7월 현재, 스페이스X는 총 4,519기의 스타링크 위성을 발사했다. 천문학자 조너선 맥도웰Jonathan McDowell의 위성 추적 소프트웨어에 따르면, 그중 4,487기가 현재 가동되고 있다. 그러나 한 걸음 물러나서 생각해 보면, 장기간에 걸쳐 총 4만 2천 기의 스

타링크 위성을 발사하겠다는 궁극적인 목표는 한 개인이라면 두말
할 것도 없고 한 기업이 가지기에도 대단히 큰 야망이다. 스페이스
X든 머스크의 다른 벤처기업이든, 그가 보유한 막대한 부가 아니
고서는 지금처럼 그렇게 자주 뉴스 헤드라인을 장식하지 못했을
것이라는 점을 생각해 볼 필요가 있다.

그런데 인류를 신세계에 정착시키겠다는 머스크의 꿈은 어떻게
되어 가고 있을까?

상단: 한 우크라이나인 여성이 스타링크 위성 수신기에 연결된 휴대전화를 사용하고
있다.
오른쪽: 2022년 4월, 한 무리의 스타링크 위성을 탑재한 스페이스X의 팰컨9 로켓이
발사되고 있다.

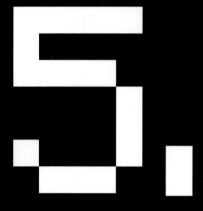

5.

스페이스X,
우주 경쟁 2.0의
중심에 서다

텍사스주 보카치카에서 해질 무렵에 촬영된 스타십 SN15와 SN16.

스페이스X의 스타십^{Starship} 로켓이 전체 시스템을 완전히 장착하고 최초의 발사를 위해 엔진 점화를 기다리는 그 몇 분간, 수십 년 세월 동안 간직해 온 기대감으로 그 광경을 지켜보던 사람들도 함께 들어 올려질 것만 같았다.

NASA의 아폴로호 발사를 기억하는 베이비붐 세대부터 마치 할아버지가 들려준 공상과학 이야기에나 나올 법한 매끄러운 은색

하단: 슈퍼 헤비 부스터(Super Heavy Booster)를 장착한 풀 스택 스타십. 2023년 4월에 진행된 발사 시도 직전에 촬영되었다.
오른쪽: 스페이스X의 슈퍼 헤비 부스터 하단부에 랩터 엔진들이 보인다.

우주선을 바라보는 Z세대에 이르기까지 120미터에 이르는 스타십을 지상 가까이에서 보려면 고개를 최대한 뒤로 젖혀야 한다.

스타십은 지금껏 제작된 로켓 중 가장 규모가 크고 가장 성능이 강력한 로켓으로, 2023년 4월 20일 현지시각으로 오전 9시 33분에 1단의 랩터^{Raptor} 엔진 33개가 뿜어내는 엄청난 굉음과 함께 상공으로 쏘아 올려졌다. 텍사스의 아침 태양빛이 퍼지는 가운데 스테인리스 스틸 소재의 로켓 외장은 반짝이는 은빛으로 일렁였다.

그 순간만큼은 여러 세대에 걸쳐 오랫동안 이루지 못했던 꿈들이 마침내 실현될 것만 같았다. 그런데 그때 뭔가가 잘못되었다. 스타십의 상단은 슈퍼 헤비 1단 로켓에서 분리되어야 하는데, 발사 후 3분이 경과했지만 분리되지 않고 있었다. 선체의 움직임이 불안정해졌고 그 거대한 로켓이 서서히 회전하기 시작했다. 결국 스페이스X는 해당 임무를 실패로 간주하고 비행 개시 약 4분 후 로켓을 폭파시켰다.

스페이스X는 "우주선의 시험 비행 중 여러 기의 엔진이 꺼지는 상황이 발생해서 선체가 하강하면서 추락했다. 그에 따라 부스터와 본체 모두에 비행종단시스템이 가동되었다."라고 발사가 실패로 돌아간 후 상황을 알렸다. 비행종단시스템^{FTS}은 비행체의 오작동으로 지상에서 피해가 발생할 것을 막기 위한 자폭 장치를 말한다. 첫 시험 발사에서 스타십 전체가 파손되었음에도 스페이스X의 직원들은 이 일을 인류를 민간 로켓에 태워 다른 세상에 보내겠다는 목표에 이르는 기나긴 여정의 또 다른 이정표로 보았다.

로켓은 폭발하기 전까지 대략 39킬로미터 상공까지 솟아올랐다. 앞서 4월 17일로 계획되었던 1차 발사 시도는 동결된 밸브 문제로 이륙하기도 전에 취소되었으니, 그보다는 훨씬 멀리 나아갔다고 볼 수 있다. 원래 이 발사는 상단(엄밀한 의미의 스타십)을 233킬로미터 상공까지 올려서 지구 궤도의 일부를 따라가다가 하와이의 카우아이Kauai섬 인근에 착수하는, 총 90분간의 비행을 목표로 했었다.

스페이스X는 20년간 폭발된 로켓과 부품 그리고 위탁받은 위성 탑재물에 이르기까지 '실패를 통한 성공'을 수없이 거듭하며 총체적인 유산을 구축했다. 하지만 소소한 실패보다는 성공한 경우가 더 많았고, 로켓 폭발이라는 가장 극적인 형태의 실패가 없었다면 성공의 순간도 대부분 일어나지 않았을 것이다.

애초에 머스크는 스타십을 탄소 섬유로 제작할 생각이었다. 탄소 섬유는 내구성이 강한 소재여서 NASA에서도 대기권 재진입 과정을 견뎌 낼 가능성이 있다고 보았다. 그러나 머스크는 2019년 1월을 기점으로 그보다 무거운 소재인 스테인리스 스틸로 돌아섰다. 그렇게 되면 로켓을 대기권 너머로 올려 보내는 데 더 많은 연료가 필요하다. 하지만 물론 이점도 있다. 스테인리스 스틸은 단열 성능이 우수해서 장기적으로 보면 오히려 비용을 감축하는 셈이다.

스타십의 개발은 2019년 이후로 랩터 엔진을 추가하는 등 숱한 수정을 거쳐 왔다. 그러한 개발 과정 및 여러 차례 거듭된 재설계 내용을 살펴보기 전에, 최초로 인류를 화성에 데려다줄지도 모르는 이 우주선을 우리가 포괄적으로 이해하려면 처음으로 돌아가서 시작할 필요가 있다.

　스페이스X가 2010년대에 제시한 기본 개념은 지구로부터 행성 간 '도약'을 통해 새로운 세계에 발을 들여놓게 할 수 있는 우주선을 개발한다는 것이었다. 팰컨9와 슈퍼 헤비 로켓은 매우 우수한 성능을 자랑했지만 두 로켓 모두 먼 우주에서의 임무를 고려해 설계된 것이 아니었다.

　유인 우주선이 먼 우주까지 나아가려면 더 많은 연료를 비롯해

왼쪽: 스타십이 지구 대기권으로 재진입하는 모습을 컴퓨터로 구현한 상상도.
상단: 스타호퍼 로켓이 텍사스주 브라운스빌의 스페이스X 발사 시설에 세워져 있다.

엄청난 부피의 식량과 물품을 구비해야 한다. 또한 탑승한 비행사
가 완전히 미쳐 버리지 않도록 적절한 생활공간도 확보해야 한다.
이 문제를 해결하기 위해 머스크는 현재의 스타십 로켓의 프로토
타입(로켓의 시험 및 검증을 위해 제작되는 테스트 모델-옮긴이)인 스타호퍼
Starhopper를 도입했다. 스타호퍼는 첫 비행 시도에서 사소한 문제

가 발생해 지상 팀이 진행을 중단할 수밖에 없었지만, 바로 이튿날인 2019년 7월 25일에 첫 비행을 완수했다. 스페이스닷컴이 이를 구체적으로 기사화했는데, 첫 시도가 중단된 원인을 '추진제의 온도가 예상보다 낮아서' 스타호퍼 선체에 과도한 압력이 가해졌기 때문이라고 했다.

꼬마 스타호퍼는 해낼 수 있다

첫 시도가 중단된 다음 날 자정을 몇 분 넘긴 시각에, 스타호퍼는 단일 랩터 엔진으로 첫 부양에 성공했다. 원래 목표였던 20미터 상공에 도달한 후 큰 손상 없이 지상으로 착지했다. 첫 성공을 축하하는 분위기 속에서 머스크는 트윗을 남겼다.

"스타호퍼는 성공적이었어. 물탱크가 날 수 있다니, 하하!!"

이 성공에서 중요한 점은 스테인리스 스틸 소재를 새롭게 적용했다는 것이다.

머스크는 이어진 트윗에서 이렇게 덧붙였다.

"맞아, 고강도 스테인리스 스틸을 쓴 건 큰 이득이야. 조금 뜨거운 것 따윈 문제없다고!"

이 스타호퍼의 첫 자유 부양 테스트는 스페이스X의 18번째 무인 화물선이 NASA와의 협약에 따라 국제우주정거장을 향해 발사된 지 겨우 6시간 후에 이루어졌다. 이 무인 임무는 팰컨9 로켓에 탑재된 드래곤 캡슐의 세 번째 비행으로, 궤도상의 실험실, 즉 우주정거장을 향해 발사되었다. 팰컨9는 앞서 한 차례 비행을 했으므로 이번이 두 번째 비행이었다. 스타호퍼는 2019년 4월에 두 차례 제한 부양 테스트(자유 비행 테스트와 다르게 선체를 지상에 결박한 상태로 짧은 부양을 시도하는 것-옮긴이)를 완료했고, 이때도 느리게 공중을

하단: 스페이스X의 조립동에 스타십 프로토타입 2기가 원통형의 슈퍼 헤비 부스터(왼쪽)와 나란히 세워져 있다.
뒤쪽: 시험 비행 중인 스페이스X의 스타호퍼. 약 150미터 상공까지 도달한 후 발사대 위로 안전하게 착지했다.

떠다니는 기동을 포함했다. 두 번째 및 세 번째이자 마지막 자유 부양 테스트는 2019년 8월 27일에 진행되었다. 현지시각으로 오후 6시에 이륙한 스타호퍼는 150미터까지 솟아올라 공중에 57초간 머물렀다가 100미터 떨어진 정해진 지점에 무사히 착지했다.

성공적으로 테스트를 마무리한 후 머스크는 "축하해, 스페이스X 팀!!"이라는 트윗을 남겼다.

미국에서는 시험 비행 및 발사 면허를 연방항공청FAA에서 발급한다. 이 테스트에서는 항공청이 규정한 비행 고도 한계에 거의 다다랐다. 스타호퍼는 마지막 부양에서 앞선 세 차례에 비해 훨씬 높이 올라갔다. 원래 8월 26일로 예정되어 있었으나 이륙 전에 취소되었다. 스페이스닷컴의 또 다른 보도에 따르면, 랩터 엔진 점화 장치에 문제가 발생했던 모양이다. 그러나 종합적으로 보면 초기의 이러한 스타호퍼의 부양 테스트를 통해 랩터 엔진의 성능을 확인할 수 있었고, 스타십을 비롯해 스타십에 장착될 1단 로켓, 즉 슈퍼 헤비의 등장을 위한 기반을 마련했다.

차세대 우주선의 등장

스타호퍼는 당초의 목표를 달성한 후, 다른 스타십 프로토타입들에 길을 터주며 퇴역했다. 이어진 두 프로토타입은 Mk1과 Mk2였는데, Mk1은 텍사스의 보카치카Boca Chica에서, Mk2는 플로리다의 스페이스 코스트Space Coast에서 각각 제작되었다. 이렇게 인력을 분리함으로써 스페이스X 내부의 경쟁 정신을 고취하려는 의도였다. 이들 두 모델에는 3기의 랩터 엔진이 장착되었고, 시험 발사 날짜가 빠르게 다가오고 있었다. 전 세계 우주 산업이 차세대 우주선의 등장을 기대하며 숨죽여 지켜보았다.

이윽고 2019년 9월 28일, 반짝이는 별과 우주의 따스한 기운이 감도는 밤하늘 아래에서 일론 머스크는 완성된 스타십을 세상에 처음 공개했다. 기술자, 엔지니어, 시공사들로 구성된 개발팀이 이 장대한 로켓을 완성한 지 겨우 몇 시간이 지난 시점이었다. 대공개 행사는 텍사스주 리오그란데강 인근의 야외 조선소에서 진행되었다. 이 광경을 바라보는 관중들은 마치 행성들을 소개하는 공상과학 전시장에 온 기분이었다. 수많은 영화와 공연, 책을 비롯해 실제 엔지니어들이 위대한 성과를 이루는 데 영감을 준 원자력 시대의 공상과학 만화에나 나올 법한 머스크는 완성된 로켓을 배경으로 우뚝 서 있었다. 스페이스X의 직원들과 근처 브라운스빌 주민들, 여러 언론 매체를 포함한 수백 명의 관중은 로켓의 모습과 행사 분위기에 압도당했다. 머스크는 공언했다.

"이 로켓은 제가 지금껏 본 것 가운데 가장 경이로운 존재입니다."

그는 흔히 입고 다니던 검은색 점퍼와 티셔츠에 청바지 차림이었는데 일반적으로 사람들이 기대할 만한 정장을 갖춰 입은 근엄한 기업가의 이미지와는 극명한 대조를 이루었다. 그 뒤로 늠름하

게 서 있는 거대하면서도 품격 있는 스테인리스 스틸 외관의 스타십은 거의 감각을 가진 존재처럼 보였다.

 그 어느 때보다 화성이 우리에게 더 가까이 다가온 것 같았다. 그날 밤 화성은 이제 우리가 손만 뻗으면 닿을 거리만큼 가까워진 것 같았다. 50미터 높이의 강철 로켓이 그러한 느낌을 대신해 주고 있었다. 관중의 열렬한 환호가 이어지자, 머스크는 새로운 우주선의 핵심 기능에 대해 설명했다.

상단: 일론 머스크가 새로운 스타십을 소개하고 있다. 그의 뒤로 묵묵히 서 있는 거인 같은 형체가 바로 스타십이다.
오른쪽: 스타십 우주선이 화성 위로 날아가는 모습을 그린 상상도.

"스테인리스 스틸은 단연코 우리가 설계 과정에서 내린 최고의 선택입니다."

탄소복합체나 알루미늄을 기반으로 한 소재와 달리, 스테인리스 스틸은 내구력이 약해질 가능성이 전혀 없다. 게다가 녹는점이 섭씨 1,500℃에 달하는 스테인리스 스틸이면 대기권에 재진입할 때의 초고온 상태도 거뜬히 버텨 낼 수 있다. 다시 말해, 스타십은 NASA의 우주왕복선에 사용했던 크고 육중한 열 차폐막이 필요하지 않다. 그 대신 스타십에는 지구 대기권으로 진입할 때 내열 타일로 구성된 일반적인 차폐막을 사용한다. 스타십에 스테인리스 스틸을 사용함으로써 비용이 절감되기도 한다. 스페이스X가 탄소 섬유를 사용했다면 톤당 대략 13만 달러를 지불해야 했을 텐데, 스테인리스 스틸의 가격은 톤당 2,500달러(제작 초기 당시 기준)에 불과하다. 대공개 행사 중에 머스크는 이렇게 말했다.

"스틸은 용접하기 쉽고 날씨 변화에도 잘 버티는 소재입니다. 우리가 이 로켓을 공장 내부가 아니라 야외에서 용접했다는 사실이 그 점을 증명하죠. 솔직히 말해 저는 스틸이 굉장히 마음에 듭니다."

그러나 일부 관계자들은 스틸에 대한 머스크의 열의에 부응할 수 없었다. NASA는 머스크의 스타십 설계 및 제작에는 최소한의 자금만 지원했다. 이는 스페이스X가 록히드 마틴이나 보잉사와 가장 크게 다른 점이다. 다만 NASA는 스페이스X의 유인 드래곤 캡슐(크루 드래곤)을 팰컨9 로켓에 탑재하는 사업에는 엄청난 자금을 투자했다. 그래서 NASA의 짐 브라이든스타인 국장은 텍사스에서 빛나게 데뷔한 머스크의 스타십 우주선 소식을 듣고는 그동안 스타십 개발에 공을 들여온 머스크를 둘러싼 NASA 내부의 반대 의견에 대해 이야기했다.

기본적으로 브라이든스타인 국장은 스페이스X가 미국 국민을 상대로 하는 계약상의 의무를 준수하도록 NASA가 제시한 엄격한 개발 일정에 어떻게 스타십이 끼어들었는지에 주목했다.

"NASA는 미국의 납세자들이 낸 세금이 투입된 사업에서도 그만큼의 열정을 볼 수 있기를 기대합니다."

국장은 이렇게 말하며 머스크가 스타십 개발에 과도한 노력을 쏟아 왔다는 점을 지적했다.

"이제는 드래곤 캡슐을 배달해야죠."

머스크는 국장의 이 발언에 대해 스페이스X의 직원 6천 명 가운데 단 5퍼센트만이 스타십 개발에 투입되었으며, 대다수 인적 자원은 NASA와 맺은 주요 계약 사항에 따른 업무, 즉 팰컨9 로켓과 드래곤 우주선 개발을 진행 중이라고 대꾸했다.

달에 가는 최적의 일정

스타십 공개 행사가 끝나고 머스크는 달에 인류를 올려 보내겠다는 초기 계획은 물론 화성에 인류를 보내겠다는 계획에 관해서도 웹진 아르스테크니카Ars Technica와 몇 가지 질문에 답하는 시간을 가졌다. 머스크는 다음과 같이 대화를 시작했다.

"앞으로도 개발 속도가 급격한 상승세를 탈 것인지에 달렸습니다. 그렇게만 된다면 아마 2년 정도면 실행에 옮길 수 있을 겁니다."

확실한 사실은, 실제로 그런 일은 일어나지 않았다는 것이다. 그러나 스페이스X는 위성 발사 사업을 통해 개인 투자자들로부터 10억 달러를 추가로 유치하는 등, 스타십 개발에 필요한 자금을 마련하는 데 탁월한 성과를 보였다. 이들 투자자 가운데 일본의 억만장자 마에자와 유사쿠는 스페이스X의 첫 번째 민간 우주여행 승객이 되어 스타십을 타고 달 궤도를 돈 후 지구로 귀환하는 여행에 나설 생각이다.

아르스테크니카와의 인터뷰에서 머스크는 이렇게 덧붙였다.

"저는 스타십이 달 궤도에 도달해서 어쩌면 달 주위를 한 바퀴 돌게 할 수도 있을 거라고 봅니다. (…) 아마도 달 여행이나 화성 착륙에 필요한 자금을 좀 더 유치해야 할 것 같습니다. 하지만 적어도 스타십을 지구 저궤도나 달 궤도에서 운용할 수 있는 수준까지 개발하는 문제라면, 순조롭게 진행되고 있다는 느낌이 듭니다."

다만 스타십이 달 궤도에 도달하고 먼 우주로 나아가려면 우선 탑승객의 안전을 보장해 줄 방안부터 마련해야 할 것이다.

스페이스X는 새로운 계획에 필요한 생명 유지 시스템과 수송 절차 네트워크를 구축하는 방식에서 과거에 NASA가 막대한 비용을 들여 완전히 처음부터 시작했던 것과는 다르게, 팰컨9 로켓의 여러 임무를 통해 얻은 지식을 토대로 마련하는 데 집중했다.

보도된 내용에 따르면, 머스크는 스타십 공개 행사에서 스타십과 기존의 달 탐사 임무를 비교하며 이같이 말했다.

"확실히 우리는 그동안 많이 배웠기에 기존과 다르게 할 것입니다. (…) 사실 드래곤 우주선의 생명 유지 시스템은 완전히 재활용할 수 있는 것은 아닙니다. 기본적으로 대부분은 사용 후 폐기됩니다."

스페이스X의 유인 캡슐인 크루 드래곤은 수산화리튬을 사용해서 탑승자들이 호흡할 때 발생하는 이산화탄소를 '제거'하는데, 이 화학 반응의 부산물로 물과 탄산리튬이 생성된다. 이는 4일간의 우주여행 동안 네 명의 탑승객이 사용하기에 충분한 양이다.

이러한 방식을 달 궤도나 달 표면에서의 임무에도 활용할 수 있을지 모른다. 하지만 더 깊은 우주, 즉 화성에 발을 들여놓으려면

상단: 보카치카의 한 주택 마당의 나무 위로 보이는 스타십의 최상단.
오른쪽: 스페이스X의 드래곤 캡슐 내부를 묘사한 상상도.

완전히 새로운 차원의 생명 유지 시스템이 필요하다. 지구에서 화성까지 최단 거리는 지구가 태양 주위를 공전하면서 화성 궤도에 가장 근접하게 지날 때로, 26개월의 주기로 발생한다. 이 기간 중에 기존의 화학 추진 연료(로켓 엔진)로는 화성에 도달하는 데 대략 6개월이 걸린다. 왕복 여정은 2년 반까지 걸리며, 스타십의 최종적 구성 형태로는 100명까지 탑승시켜 화성을 오갈 수 있어야 한다.

이는 정말이지 말도 안 되게 어마어마한 과제다. 그리고 스페이스X가 그에 적합한 생명 유지 시스템을 구축하려면 재생산 시스템이 필요한데, 머스크조차 결실을 보기까지 "꽤 많은 작업이 필요할 것"이라고 이야기한 바 있다.

2023년 여름 현재, 스타십은 아직 인간을 우주로 보내지 못했다. 다만 NASA가 추진 중인 우주 발사 시스템SLS보다는 훨씬 앞서 인간을 달 표면으로 보냈다가 귀환시킬 수 있을 것으로 보인다.

NASA의 아르테미스 계획에 따라 차세대 로켓 발사 형태가 될 SLS는 예정대로라면 2024년 11월에 우주 비행사들을 싣고 달로 가서, 달 표면에는 착륙하지 않고 달 궤도를 돈 후 귀환할 것이다.

스페이스X의 비밀

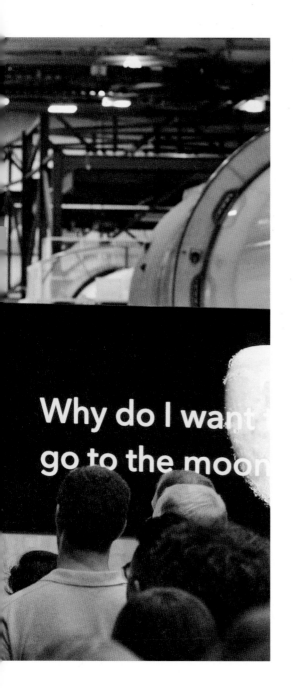

대형 우주선 스타십 개발에 박차를 가하다

2019년, 높이 50미터에 직경 9.1미터인 스타십 Mk1을 제작하는 데는 몇 개월 걸리지 않았지만, 발사를 하려면 슈퍼 헤비 로켓이 필요했다. 그동안 스페이스X가 팰컨9 및 팰컨 헤비 로켓들을 사용해 임무를 완수하면서 거두어들인 엄청난 수익이 슈퍼 헤비 로켓과 스타십 개발에 필요한 자금을 확보하는 데 도움이 되었다.

"개발 일정이 넉넉하다면, 뭔가가 잘못된 겁니다. 촉박하다면, 잘 진행되고 있는 것이죠."

우주 전문 매체 스페이스플라이트나우SpaceFlightNow는 머스크가 스타십을 처음 공개하는 자리에서 이같이 말했다고 보도했다. 여기서 머스크는 NASA의 SLS 개발 방식과 달리, 개발과 제작 기간을 수십 년이 아닌 수개월 집중하는 것이 필요하다고 말했다. 로켓의 발사 자체가 목표라면 그렇게 해야 한다는 뜻이다. 흔히들 NASA의 발목을 잡는다고 보는 경직된 관료 구조를 스페이스X가 뚫고 나갈 수 있다고 하더라도, 그렇게 서둘러 로켓을 생산하는 방식이 가진 단점이라면, 불확실한 상태로 시작할 수밖에 없다는 것이다. 로켓을 발사하기 전에 모든 사안을 검토하는 것이 아니라, 실제로 어느 부분이 잘못되었는지 직접 확인할 목적으로 발사하게 될 수도 있다는 뜻이다. 터무니없는 소리로 들리겠지만, 우주 경쟁에서 승리하겠다는 목표를 가진 자가 수천억 달러 정도쯤은 흥청망청 쓸 능력이 있다면 얼마든지 가능한 일이다.

2019년 11월 20일에 스페이스X의 보카치카 시설에서 Mk1 스타십 프로토타입은 극저온에서의 시스템 성능 테스트를 진행하던 중에 치명적인 오류를 일으켰다.

로켓의 극저온 내구성 테스트란, 추진 연료 탱크에 액화질소를 가득 채운 후 최대 비행 고도에 이르는 수준까지 액화질소로 탱크에 압력을 가하는 방식이다. 탱크의 구조가 압력 변화를 견뎌낼 수 있는지를 파악하기 위한 것이다. 일단 고압 상태에 도달하면, 추력 시뮬레이터라고 알려진 유압 피스톤이 선체의 하단을 밀어내어 랩터 엔진을 실제로 점화했을 때 기대되는 힘을 시뮬레이션해 볼 수 있다. 이 테스트에서 별다른 특이 사항이 발견되지 않는다면 로 켓이 우주 공간의 혹독한 추위에서도 버텨낼 수 있음을 확인할 수 있다.

두 번째 테스트 대상은 Mk3이었다.(Mk2는 플로리다 시설이 2020 년 해체되면서 제작이 중단되었다). Mk3은 SN1(시리얼 넘버 1의 약자)이라 고도 불렸는데, 2020년 2월 28일에 텍사스 기지에서 여압 테스트 를 진행하던 도중에 선체가 산산조각 나고 말았다. 테스트 중 스타 십 선체가 폭발하는 순간을 담은 영상을 보면, 현지시각으로 오후 11시경 선체 접합 부분이 뜯겨 나가는 장면이 나온다. 그리고 순수 액화질소의 무자비한 압력으로 큰 타격을 받은 대형 트레일러 크 기의 구형 물체가 시험 발사대 밖으로 튕겨 나갔다. 당시 이 로켓 에는 랩터 엔진이나 노즈콘nose cone(우주선의 원뿔형 선단 부분-옮긴이) 이 장착되지 않았지만, 머스크가 사용하기 시작한 표현으로, '예정 에 없던 신속한 해체'가 선체의 하단 부근에서 진행되어 상단을 공 중으로 날려 버렸다.

공중에서 떨어지는 선체는 중력의 영향으로 더욱 압력이 가해지 면서 두 번째 폭발을 일으켰다. 이튿날 오전 무렵에는 SN1의 형체조차 거의 남아 있지 않았다. 부상자는 없었고 이 사고에 대해 머스크는 사고 영상에 "그래서… 다들 간밤에 별일 없었나?"라는 자막을 단 비디오 트윗 하나만을 남겼을 뿐이다.

같은 날 저녁, 이미 스페이스X가 후속 모델인 SN2의 시험 비행을 준비하고 있으며, 이번 모델은 용접 기술을 개선하여 더욱 고품질 로켓으로 알려졌다. 머스크는 이미 두 번째 실패를 예상했는지, 완전히 새로운 로켓 제작 공정을 설계 및 구축하려는 계획에 대해 말했다.

스페이스뉴스의 보도에 따르면, SN1이 폭발하기 몇 시간 전 진

행된 생방송 인터뷰 중에 머스크는 이렇게 말했다.

"로켓 설계는 어려운 문제가 아니에요."

머스크는 로켓 설계에서 더 긴급한 과제는 설계가 완료된 후의 실행 단계라고 보았다. 다시 말해, 완전히 가동되는 로켓을 대량 생산하는 문제다.

"어려운 부분은 로켓을 제작하는 과정으로, 로켓을 대량 생산해 서 발사를 수시로 할 수 있게 만드는 것이 중요하기 때문이죠."

하지만 그러한 머스크의 말이 있고 몇 주가 지난 2020년 3월 8 일, 스타십 SN2는 극저온 압력 시험을 통과했다.

SN2가 극저온 테스트를 성공적으로 통과한 후, 트위터에서 다 음 진행 단계에 관해 질문을 받은 머스크는 그 답변으로, SN3과

SN4의 '정적 연소 및 단기 비행' 테스트를 진행할 것이라고 트윗을 남겼다. 그러나 이들 두 로켓에는 또 다른 운명이 예견되었던 것인지, 발사는 결국 불발되었다. 4월 2일에 스페이스X는 SN3 모델을 테스트했지만, 영상 자료를 보면 상황이 썩 좋아 보이지 않았다. 보카치카에서 진행된 압력 테스트 중, SN3은 급격한 속도로 붕괴되었다.

하단: 테스트 진행 중인 랩터 엔진.

머스크는 잘못된 명령이 입력되어, 선체 내부의 압력이 외부 기압보다 훨씬 낮아지면서 구조적인 붕괴로 이어졌다고 말했다. SN3의 실패에 대해 머스크는 "불필요한 압력 제어 밸브들이 있다."라고 트윗을 남겼다.

이어진 트윗에서 머스크는 새로운 시스템을 적용하면서 SN3에 명령이 잘못 입력된 것일 뿐, SN2의 압력 테스트에서는 같은 문제가 일어나지 않았다며 다음과 같은 트윗을 남겼다.

"로켓은 어려운 과제다. 다행이라면 이 사고의 원인이 설계나 조립에서 오류였다기보다 테스트 설정 오류였다는 점이다. CH4 탱크에 연료가 많이 채워지면 안정성을 유지할 만큼 LOX 탱크 누손량(탱크의 빈 공간)의 압력이 충분하지 않았다. 이 문제는 N2로 해결되었다."

2020년 5월 5일, 스타십 SN4가 처음으로 랩터 엔진을 가동했다. 많은 이들이 이 로켓이 앞으로 계속해서 발사될 웅장한 스타십 모델들의 첫 주자가 될 것이며, 어쩌면 우주까지 이를지도 모른다고 생각했다. 단일 랩터 엔진에 대한 정적 연소 테스트가 짧게 진행되면서 밤하늘을 환히 밝혔다. 머스크는 "스타십이 정적 연소 테스트를 통과했다."라는 트윗을 남겼다.

5월 29일에 진행된 후속 테스트는 탑승자 없이 150미터 상공까지만 도약하는 테스트였다. 그러나 사람들의 기대는 현지시각 오후 2시 49분경 SN4가 뜨거운 화염에 휩싸여 폭발하면서 산산조각

났다. 이 테스트에는 랩터 엔진의 짧은 연소만 포함되어서, 이는 곧 또 다른 테스트가 진행될 것을 암시했다.

당연하게도 아직 게임은 끝나지 않았다. 사실 이제 시작에 불과했다. SN4가 폭발하기 하루 전날, 스페이스X는 미 연방항공청으로부터 발사 면허를 발급받았다. 또한 이미 한 달 전에는 NASA가 우주 비행사를 달로 다시 올려 보내는 계획에 참여할 주요 민간 로켓 세 개 모델 중 하나로 스타십을 공식적으로 선정했다. 언제든 NASA의 아르테미스 계획이 준비되기만 한다면 말이다.

스타십 생산 요청이 이어지면서 스페이스X는 활기를 띠었다. 스페이스X에서 신규 채용을 몇 차례 진행한 후, 머스크는 세상을 떠들썩하게 만든 로켓 개발 의지를 표명했다. 완전한 형태의 스타십 로켓을 매주 1기 이상 생산하겠다는 계획이었다.

비교하자면, NASA는 SLS를 구축하는 데 장장 10년이 걸렸으며 2022년 11월까지도 첫 발사가 이루어지지 않았다. 게다가 SLS의 핵심 부품은 한 번 발사되고 나면 바다에 떨어진 채 방치되어 엄청난 자원 낭비를 초래했다(그야말로 재사용 가능한 로켓의 시대에 역행하는 사고다). 물론 1기당 제작 비용이 500만 달러(65억 7,200만 원)인 스타십을 매주 1기 이상 생산하겠다는 스페이스X의 계획은 그야말로 과욕이었다. 따라서 2023년 초에는 슈퍼 헤비 2단 로켓을 5기 정도 생산하겠다는 좀 더 절제된(상대적으로 보아) 당해 목표를 세웠다.

가장 널리 알려진 우주 전문 저널리스트가 머스크를 인터뷰하면서 그가 설정한 스타십의 초기 생산 목표에 관해 했던 말도 그리 놀랍지 않다. 에릭 버거Eric Berger는 아르스테크니카의 주관으로 일론 머스크와 인터뷰를 진행하고 있었다.

"진짜 미쳤군요."라고 버거가 말했다. "네, 미쳤죠."라고 머스크가 마치 동의한다는 듯이 대꾸했다. "내 말은, 진짜 미친 거라니까요." 버거가 거듭 말했다. "맞아요, 제정신이 아니에요." 머스크는 새로운 말장난을 막 찾아내기라도 한 듯, 또다시 대꾸했다. 그러나 이는 실제 대화 내용이었다. 머스크는 화제를 전환하며 말하기 시작했다.

"지금껏 우주 패러다임은 현재 우리가 추진하는 프로젝트에 적용되지 않습니다. 우리는 화성에 인간이 거주할 수 있도록, 그리고 인류의 삶을 여러 행성에서 이어 갈 수 있도록, 엄청난 로켓 부대를 구축할 계획입니다. 제 생각에 아마 우주선 1천 기 정도가 필요할 겁니다. 또한 각각의 우주선은 새턴 5호보다 더 많이 탑재할 수 있고 재사용도 가능해야겠죠."

머스크는 화성에 인간의 정착지를 건설하는 것을 목표로 행성 간 수송에서 규모의 중요성을 계속해서 강조했다. 그의 추정으로는 화성에 자급자족이 가능한 공동체를 건설하는 데 운반되어야 하는 자원은 '아마 최소한 100만 톤'일 것이며, 그 정도 규모의 화물을 화성까지 실어 나르려면, 스페이스X는 작은 마을 하나를 채울 만한 규모의 직원을 더 채용해야 한다. 아르스테크니카와의 인터뷰에서 머스크는 뉴턴의 『프린키피아』 속편이라도 집필할 요량인지 이렇게 덧붙였다.

"어떤 기계를 적정한 규모로 만들려면 그 기계를 만드는 기계를 만들어야 합니다. 이는 수학적으로 기계 자체보다 훨씬 더 복잡할 것입니다."

자신을 합리적으로 생각하는 대다수 사람들은 머스크가 제시한 목표를 듣노라면 벌어진 입을 다물 수가 없을 것이다. 그처럼 강력한 성능의 로켓을 그 정도로 대량 생산하려면, 그에 필요한 노동은 천문학적인 수준일 것이다. 산업혁명이 다시 시작되는 것은 아닐까. 스페이스X의 엔지니어들은 처음 입사하면서 12시간 근무에 4일간의 주말을 보장받기로 되어 있었다. 하지만 결국 12시간 교대 근무에 주말은 3일로 바뀌었고, 그 덕분에 보카치카 시설은 1년 365일 24시간 풀가동으로 운영되었다.

2020년 6월 SN5가 완성된 시점에 첫 궤도 발사대도 이미 완성된 상태였다. 당시 스타십의 최신 프로토타입이었던 이 로켓은 7월 1일에 노즈콘을 제외한 테스트를 진행하기 위해 옮겨졌고, 그날 저녁에 극저온 내구성 테스트를 신속하게 통과했다. 스타십

SN4의 폭발 사고로부터 겨우 한 달이 지났을 때였고, 이는 스페이스X가 신속하게 사고를 수습하고 원상 복귀했음을 시사했다.

SN4의 실패 후 몇 개월이 지난 2020년 8월 4일, SN5는 첫 번째 부양을 성공적으로 해냈다. 단일 랩터 엔진만으로 선체를 대략 150미터 상공까지 들어 올렸다가 단 한 건의 (통제되지 않은) 폭발 없이 지상에 다시 착지했다. 이 부드러운 착지에 스페이스X 직원들은 열광했다. 불가능해 보였던 과제가 비록 한 번에 한 단계씩이긴 해도 드디어 발을 내디딜 수 있도록 명확히 모습을 드러내기 시작한 것이다. 더군다나 이 모든 성취는 우리 모두가 잘 아는 몇 년간 이어진 코로나19 팬데믹 공포 속에서 극도로 삶을 제한하는 정책이 시행된 지 8개월이 흐른 시점에 이룬 것이었다.

2020년 9월 3일, 스타십 SN6은 이전 모델의 부양 테스트를 반복했고, 그와 동일한 고도에 이르렀다가 어떠한 심각한 문제도 일으키지 않고 착지에 성공했다. 스타십 프로토타입 시리즈는 목표 고도 20킬로미터에 이르도록 설계되었으나, 스페이스X는 진행 속도를 늦추었다. SN7이 높은 고도에 이르는 첫 번째 모델이 되리라는 예상도 있었지만, 난데없이 폭발해 버렸다.

이는 예상치 못한 사고가 아니었다. 머스크에 따르면, 스페이스X가 의도적으로 선체의 거대한 탱크에 한도를 훨씬 초과하는 양의 액화질소를 채웠고 결국 탱크가 파열해 새하얀 질소 가스가 형성한 둥그스름한 구름이 상공에 뿜어져 나왔다.

여기서 주목할 점은, 스페이스X의 진행 상황은 대부분 우주 관련 뉴스를 전하는 웹사이트인 NASA스페이스플라이트닷컴을 통해 상세히 보도된다는 것이다. 이들은 스페이스X의 모든 시험 발사와 시험 비행을 포착해서 희귀하면서도 대개 타의 추종을 불허할 만한 광경을 전달해 왔다. 대부분 보도는 생중계로 진행되었고, 그들의 작업이 아니었다면 스페이스X 직원을 제외하고는, 거의 누구도 수시로 폭발하는(혹은 성공적인) 스타십의 모든 광경을 볼 수 없었을 것이다. SN7이 폭발했을 당시에는, '보카치카걸BocaChicaGal'이라는 이름으로도 알려진 '메리'가 포착한 영상을 통해 연료 탱크가 어떻게 폭발하고 붕괴되는지 생생히 볼 수 있었다.

시험 비행에 나서는 스타십 연대기

스타십의 패기를 증명할 시간이 다가왔다. 2020년 12월 9일 현지시각 오후 5시 45분, 스페이스X의 스타십 SN8은 보카치카 시설에서 스타십 시리즈의 첫 번째 고공비행을 시도했다. 목표는 단순하게 대략 12.5킬로미터 상공까지 날아올라 공중에서 여러 복합적인 기동을 수행한 다음 발사대 위에 가볍게 착지하는 것이었다. 비행 테스트에는 '벨리플롭belly flop(원래 의미는 비행기의 동체 착륙이지만, 스타십의 경우 공중에서 기체를 회전시켜 수평 자세로 공기 저항을 이용해 속도를 제어하며 하강하다가 착륙 시 다시 수직 자세로 바꾸는 형태-옮긴이)'이라 불리는 기동이 포함되었는데, 스타십이 대기권에 재진입할 때 미

Patent-Free

무료 특허

일론 머스크는 스페이스X가 특허 출원을 자제해야 한다고 생각한다. 회사의 트레이드마크인 궤도 등급의 재사용 로켓이라 할지라도 말이다. 테슬라는 전기자동차 기술과 관련해 많은 특허(전 세계적으로 3,304건)를 출원해오면서도, 타사의 개발을 늦추어 이윤을 낼 목적으로 특허를 이용하는 것은 지속 가능한 운송수단의 출현을 가속화하려는 회사 방침에 어긋난다는 입장을 고수한다. 다시 말해, 테슬라는 자사의 특허 기술을 어느 누가 사용하더라도 소송을 제기하지 않겠다고 선언했다.

상단: 2020년 8월 4일에 포착된 스타십 SN5의 '부양' 시도 장면.

리 연출된 동작을 따라 자세를 바꾸는 과정이다. 스타십 SN8은 모든 목표를 달성했다. 마지막 하나만 제외하고.

비행이 시작되고 대략 6분 42초 후 SN8은 착지해야 할 위치에 정확히 착지했다. 그러나 터무니없는 속도로 착지한 탓에 선체가 완전히 파괴되고 말았다. 충돌에 따른 충격 여파로 선체는 폭발을 일으키며 수많은 조각으로 해체되었다. 이러한 맹렬한 결말에도 머스크는 곧장 스타십의 첫 번째 고공비행을 축하하는 트윗을 남겼다.

"착륙을 위한 연소 중 연료 헤더 탱크의 압력이 떨어져 착지 속력이 높아졌고, 결국 러드RUD, Rapid unscheduled disassembly('예정에 없던 급속한 해체'라는 의미로 폭발사고의 완곡한 표현이다. 일론 머스크가 즐겨 사용해서 널리 알려진 용어–옮긴이)에 이르고 말았지만, 우리는 필요한 모든 데이터를 확보했다! 스페이스X 팀 칭찬해!"

머스크는 이후의 답변에서는 "화성아 우리가 간다."라는 트윗을 남겼다. 로켓의 착륙에는 폭발 위험이 뒤따르기에, SN8의 폭발은 어느 정도 예견된 결과였다. 머스크는 애초에 SN8의 폭발 가능성을 3분의 2 확률로 예견했다. 이렇게 예견한 이유는 급격히 늘어난 설계상의 복잡한 구조 때문이었다. 이전의 스타십은 이 정도로 복잡한 구조가 아니었지만, SN8은 랩터 엔진이 3기로 늘어났고, 비행 시 고도를 안정화하기 위해 동체 보조 날개body flap가 장착되었다.

오른쪽: 2020년 8월 4일에 스타십 SN5가 발사를 시작하며 '부양'하는 모습.

SN8의 첫 비행은 기념비적인 중요성이 있다. 스타십 모델 중 처음으로 상당한 고도까지 날아올랐고 비록 엄청난 속도였지만 예정된 착륙 지점까지 자체적으로 조종하는 기능을 선보였다. 이에 대해 머스크는 다음의 트윗을 남겼다.

"SN8은 훌륭하게 해냈어! 정점에 도달한 것만으로도 대단한데, 비행 내내 정확한 위치에 떨어지도록 제어한 건 정말 역대급인걸."

놀랍지 않게도 스페이스X는 곧이어 스타십의 후속 프로토타입인 SN9의 발사를 목표로 삼았다.

2021년 2월 2일 오후, 현지시각으로 정확히 오후 2시 25분에 위풍당당한 모습으로 스타십 SN9가 스페이스X의 보

카치카 시설에서 발사되었다. 10킬로미터 고도까지 멋지게 솟구쳤다. 이전 모델과 마찬가지로, SN9는 그야말로 아슬아슬하게 벨리플롭을 연출하면서 지구로의 하강 단계에 돌입했다. 그것 역시 많은 이들이 우려한 대로 정밀한 착지를 시도하던 중에 속력을 충분히 늦추지 못한 채 '있는 힘껏' 착지하고 말았다. 하지만 순전히 실패로 끝난 것만은 아니었다.

SN9가 불길에 휩싸이면서 막을 내리고 말았지만, 이 실험은 향후에 이어질 후속 프로토타입의 발사에서 개선할 사항에 대한 정보를 줌으로써 스페이스X의 엔지니어들에게 귀중한 통찰을 선사했다. 원래 이 비행은 1주 전인 2021년 1월 말경에 진행될 계획이었다. 하지만 연방항공청으로부터 비행 허가를 기다리던 중 관료 집단의 느려터진 일 처리로 비행을 미룰 수밖에 없었다. 머스크는 공개적으로 불만을 터뜨렸다. 그는 트위터에 "연방항공청의 항공 분과와는 다르게, 우주 분과는 근본적으로 규제 구조가 망가진 상태다. 그러한 규제 방식이라면 인류는 결코 화성에 도달하지 못할 것이다."라는 글을 남겼다.

그러나 머스크가 알지 못하는 사이에 스페이스뉴스는 트위터를 통해 미 연방항공청의 결정 사항이 신속하게 채택되었다는 소식을 주요 기사로 보도했다. 원래의 발사 일자를 공개한 지 겨우 며칠 만에 항공청으로부터 청신호가 켜진 것이다. NASA스페이스플라이트닷컴을 통해 연방항공청의 공식 성명이 공개되었다.

연방항공청은 지난 월요일(2월 1일)에 다음과 같은 결정을 내렸다. 스페이스X는 모든 안전 및 관련 연방 규정을 준수하고 있으며, 그에 따라 발사 면허를 발급하여 스타십 SN9의 운용을 인가한다.

이 소식에 이어 스페이스X의 스타십 연대기에서 가장 예상치 못한 에피소드가 나왔다. 바로 SN10의 시험 비행이었다. 2021년 3월 3일 현지시각 오후 6시 15분, 비행 준비 과정에서 이륙이 여러 번 지연되다가 드디어 이 거대한 형체가 상승하기 시작했다. SN10이 지상으로 귀환하는 광경을 지켜보는 내내 심장이 멎는 것만 같았다. 이번에는 끔찍한 충돌 대신 성공적으로 착지할 조짐을 보이며 선체가 서서히 속도를 늦추었다. 하지만 여전히 불길이 선체의 하단을 집어삼킬 듯이 집요하게 이어졌고 선체가 보카치카의 착륙 지점에 마치 영화의 한 장면처럼 착지하며 먼지와 연기에 뒤덮인 순간에도 불길은 멈추지 않았다.

어느덧 주위가 잠잠해진 후, 초기의 평가는 긍정적인 듯했지만 수그러들지 않는 불길은 여전했다. 이때 카운트다운이 시작됐다. 그리고 대략 10분 후 극적인 결말에 이르렀다. SN10이 장엄하게 폭발한 것이다. 이로써 SN10의 착지가 달과 화성 정복으로 가는 길을 열어 줄 중대한 진전이며, 이 성공으로 신기원을 이루었다고 섣불리 환호했던 매스컴들은 난처한 상황에 빠지고 말았다.

상단: 2021년 1월 어느 새벽녘에 촬영된 스타십 SN9. 마치 다른 세상에 존재하는 듯, 아니면 적어도 다른 세상으로 가는 듯 우뚝 서 있다.
하단: 스페이스X의 SN8이 시험 고공비행에 나서고 있다.
오른쪽: 스페이스X의 스타십 SN10. 벨리플롭을 수행한 후 랩터 엔진을 가동시켜 착륙을 시도하기 전의 모습이다.

당시 온라인 매거진 《흥미로운 공학 기술Interesting Engineering》의 선임 편집자로서 실황 중계를 업데이트하던 나는 이 뜻밖의 반전을 포착해 내어 SN10이 승리와 비극을 잇따라 겪은 사실을 밝힌 이들 중 한 명이었다. 마치 두 개의 모순된 현실이 공존하는 양자역학의 역설이 연상되었다. 이러한 기이함은 우주여행이 개시되어 머나먼 행성 거주민과 지구 거주민 사이의 이야기가 극적으로 달라지는 경험을 할 우리의 미래를 보여 주는 전조일지도 모르겠다.

이러한 짜릿한 에피소드들이 일어나는 가운데, 스페이스X는 이미 2020년 5월 30일에 국제우주정거장으로 향하는 드래곤 캡슐을 팰컨9 로켓에 탑재해서 민간 기업 최초로 유인 발사에 성공해 역사에 한 획을 그었다. 해당 임무는 데모-2Demo-2로 명명되었으며 기상 악화로 일정이 지연되기도 했지만, 결국 NASA의 두 우주비행사, 로버트 벤켄Robert Behnken과 더글라스 헐리Douglas Hurley가 순조롭게 우주정거장과 도킹하는 모습을 볼 수 있었다. 두 사람은 절차에 따라 현지시각으로 오후 1시 22분에 드래곤 캡슐에서 나와 우주정거장에 합류했다.

이 임무로 스페이스X는 거대한 도약을 이룸으로써 NASA로부터 성과를 인정받았지만, 머스크의 포부는 그보다 더 먼 곳을 향하고 있었다. 그의 시선은 달과 화성을 향했으므로 계속해서 스타십의 개발을 독려해 나갔고, 이제는 SN11이 나설 차례였다.

몇 차례 발사가 지연된 후, 안개가 자욱하던 2021년 3월 30일 현지시각 오전 9시에 SN11은 위풍당당하게 하늘로 솟구쳤다. 그러나 발사 후 긴장감 넘치는 가운데 6분이 경과했고 실황 중계가 갑자기 중단되었다. 스페이스닷컴은 스페이스X 측 해설자인 존 인스프러커John Insprucker가 "스타십 11호기로 또 다른 흥미로운 테스트를 하고 있나 봅니다."라고 말했다고 보도했다. 그러나 미스터리는 곧 밝혀졌다. SN11이 공중에서 재앙적인 결말을 맞이하고 만 것이다.

이 폭발로 인근 지역은 쑥대밭이 되었고, 오염 물질이 유출될 가능성이 있어서 환경에 대한 우려를 불러일으켰다. 엄청난 규모의 사고 여파는 반경 1킬로미터까지 범위가 확대되었고, 미국 어류야생동물보호국USFWS의 보고서에 따르면, 폭발 잔해가 텍사스주와 연방 정부가 소유한 국유지까지 날아들었다. 거대한 금속 파편들이 날아들어 땅속 깊이 박혔고, 심지어 고속도로에 인접한 갯벌에도 파편이 박혀 있었다. 트랙터를 동원해 이 거대한 파편들을 수거할 수 있었다.

그렇지만 환경 전문가들은 수거 작업마저도 지역 환경을 해친다고 보았다. USFWS의 오브리 부젝Aubry Buzek은 "폭발 잔해를 수거하려고 해당 지역에 지속적으로 드나들게 되면, 지역 생태계에 교란을 일으키고 서식 동물이 오가는 길목에 방해가 될 수 있다."라고 지적했다. 대중의 우려를 잠재우기 위해 스페이스X는 흩어진 잔해를 피하도록 지역 주민들에게 당부하며, 유해 물질일 수도 있는 잔해를 발견하면 신고할 수 있는 핫라인을 구축했다.

이렇듯 떠들썩한 와중에, 놀랍게도 NASA는 스페이스X에 29억 달러 규모의 사업을 발주했다. 다가오는 아르테미스 달 탐사를 위한 유인 착륙 시스템HLS의 제작을 의뢰한 것이었다. 그러나 많은 지역 주민과 관중 사이에서 스페이스X가 막강한 슈퍼 헤비 부스터로 한층 강화된 스타십 완전체 발사에 돌입할 경우에 발생할지 모를 재난과 같은 사고를 우려하는 목소리가 터져 나왔다.

스페이스X, 공학 기술의 한계에 도전하다

이에 굴하지 않고 스페이스X의 역사는 계속되었다. SN12, SN13, SN14 모델을 개발하는 중이었음

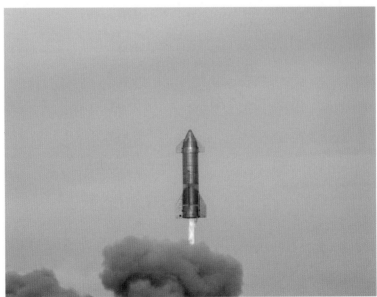

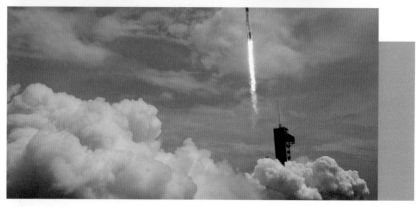

에도 이들은 더욱 진전된 SN15의 개발에 착수했다. 소프트웨어 개선으로 성능이 향상된 데다 강력한 엔진과 발전된 항공공학 기술을 접목해 더욱 견고해진 구조의 이 모델은 그야말로 장관이었다. SN15는 탑재된 스타링크 시스템에 대한 미 연방통신위원회FCC의 승인을 받은 후 2021년 5월 5일 현지시각 오후 6시 24분에 여정을 떠났다. 로켓은 설정 고도에 도달해 특유의 벨리플롭을 수행하며 하강했는데, 가장 놀라웠던 점은 어떠한 폭발도 일어나지 않은

왼쪽 상단: 2020년 5월, NASA의 우주 비행사 로버트 벤켄(좌)과 더글러스 헐리(우)가 스페이스X의 데모-2 임무를 위해 탑승하기 전 기자회견에서 발언하고 있다.
왼쪽 하단: 스페이스X의 드래곤 우주선의 첫 번째 우주로의 유인 발사인 데모-2 발사가 2020년 5월 30일에 진행되었다.
상단: 스페이스X의 슈퍼 헤비 부스터 9가 텍사스 보카치카 스타베이스의 궤도 발사 시설로 옮겨지고 있다.

스페이스X의 비밀

왼쪽: 2021년 5월 5일에 진행된 스페이스X의 SN15 로켓의 시험 비행에서 우리는 공식적으로 착륙에 성공한 첫 번째 스타십을 목격했다.
상단: 스타십 SN15가 고공비행 및 착륙 테스트를 수행하기 위해 발사되고 있다.
뒤쪽: 지구 저궤도의 국제우주정거장에서 캐나다암2(Canadarm2) 로봇 팔이 드래곤 캡슐에 접근하고 있다.

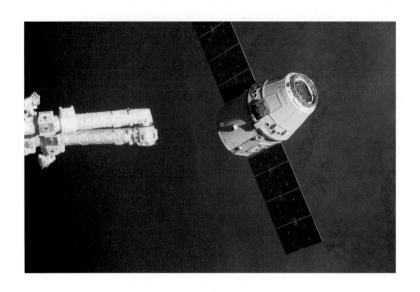

완벽한 착지 과정이었다. 하단 부근의 맹렬한 불길은 착륙 후 1시간 이내에 잡혔다.

이 획기적인 결과를 시작으로 새로운 스타십 프로토타입의 완전히 성공적인 시험 비행의 서막이 올랐다. 우주로 향한 경쟁은 갑자기 열기를 더해 가는 듯했다. 그러나 제프 베이조스의 블루오리진과 법적 분쟁을 치르는 탓에 스타십 시험이 한동안 중단되었고, 이 분쟁은 좀처럼 마무리되지 않고 2021년 11월 4일까지 이어졌다. 결국 분쟁은 스페이스X의 기념비적인 승리로 마무리되었지만, NASA는 아르테미스 계획의 일정을 조정할 수밖에 없었다.

하지만 그동안에도 완전히 시간 낭비만 한 것은 아니었다. 스페이스X의 스타십 테스트는 중지되었지만, 계속해서 팰컨9, 크루 드래곤, 스타링크 위성 등의 사업을 키워 나갔다. 그에 따라 오히려 스타십 개발 자금을 더 많이 확보하는 결과를 낳았다. 스페이스X 는 다른 사업들을 통해서 스타십 개발에 필요한 유동자금을 조성 하기 때문이다.

2020년 11월 15일 현지시각 오후 7시 26분에 스페이스X는 크 루-1Crew-1이라 명명된 또 다른 유인 임무를 시작했다. 로켓은 플 로리다의 NASA 케네디우주센터 발사 기지 39A에서 발사되었고, 탑승자는 NASA의 우주 비행사 세 명과 일본의 우주항공연구개발 기구JAXA에서 파견된 한 명이었다.

상상조차 힘든 시속 2만 7천 킬로미터라는 어마어마한 속도로 날아가던 스페이스X의 크루 드래곤은 발사 후 1시간도 채 지나지 않아 팰컨9의 1단 로켓에서 분리되어 우주정거장을 향한 여정을 이어 갔다.

그로부터 1년 후인 2021년 4월 23일, 스페이스X는 세 번째 유 인 임무이자 국제우주정거장으로 가는 두 번째 완전 가동 임무인 크루-2 임무에 착수했다. 로켓은 현지시각으로 동틀 무렵인 오전 5시 49분에 발사되어 우주 비행사들을 우주정거장으로 데려갔다. 탑승 명단에는 NASA에서 두 명, JAXA 소속 한 명, 그리고 마지막 한 명은 놀랍게도 유럽우주국ESA에서 처음으로 스페이스X의 임무 를 위해 파견한 우주 비행사였다. 《흥미로운 공학 기술》의 보도에 따르면, 발사 후 기자회견에서 일론 머스크는 자신의 원대한 비전,

즉 인류를 우주여행을 하는 문명으로 이끌어 다행성 종족으로 탈바꿈시키겠다는 목표에 대해 설명했다.

우주정거장으로의 여정은 총 23시간이 걸렸는데, 발사 2시간 후에 크루-2의 우주 비행사들이 궤도에 진입했다는 신호를 보내왔다. NASA는 지구에 전달된 황홀한 광경을 트윗을 통해 소개하며 지구인들에게 우주 공간의 매혹적인 모습을 전했다. 하지만 크루-2 임무의 성공이 무색하게, 스페이스X는 뒤이어 크루-3 임무에 착수한다. 2021년 11월 11일 현지시각으로 오후 9시 3분, 역사적인 NASA 케네디우주센터의 39A 발사 기지에서 임무를 시작하면서, 인류의 우주 비행 역사 60년 동안 통산 600번째 인간이 우주에 도달하게 되었다. 다만 이 임무도 그리 순조롭게 진행되지만은 않았다. 기상 상황이 좋지 않았던 탓에 당초 발사가 지체된 데다가 참여 비행사 중 한 명이 부상을 입으면서 또다시 연기되기도 했다.

크루-2의 우주 비행사들이 임무를 마치고 귀환한 지 바로 이틀이 지난 후, 다섯 번째 유인 발사가 진행되었다. 크루-2의 우주 비행사들의 귀환 여정에서는 오로라가 장관을 이루는 광경이 포착되어 무엇과도 비할 수 없는 진귀한 장면을 연출하기도 했다. 한편 이러한 정규 임무가 진행되는 가운데, 또 다른 패러다임이 등장했다. 네 번째 유인 발사는 기존의 틀을 깬 것이었다. 우주에서의 임무는 이제 더는 우주 비행사의 전유물이 아니었다. 예전 방식의 우주여행 이야기는 혁명적인 전환점을 맞게 되었다.

2021년 9월 15일 현지시각 오후 8시 2분, 스페이스X는 최초로 민간인으로만 구성해 인스퍼레이션-4Inspiration-4 임무를 시작했다.

크루 드래곤 우주선에는 네 명의 민간인이 탑승했다. 머스크와 함께 이 민간인 우주 비행을 주도한 사람은 억만장자 재러드 아이잭먼Jared Isaacman이다. 이로써 우주관광의 탄생이 공식적으로 선포되었다. 한 억만장자가 또 다른 억만장자의 민간 항공우주 업체에 투자해 힘을 실어 줌으로써, 억만장자 자신과 소수의 행운아들이 지구의 대기권 너머로 날아오른 것이다.

인스퍼레이션-4는 자선 행사의 일환으로 여정을 시작했다. 스페이스X가 언론에 배포한 보도자료에 따르면, 시프트4 페이먼츠Shift4 Payments의 CEO이자 비행 조종 훈련을 받은 아이잭먼은 세인트주드 아동 연구 병원에 1억 달러라는 경이로운 액수를 기부하기로 서약했다. 그리고 2억 달러를 추가로 모금하겠다는 야심 찬 시도에 따라 우주여행에 초청된 다른 민간인 비행사들은 해당 임무의 참가비 명목으로 세인트주드 병원에 10달러씩 기부하기로 했다. 여기서 우주관광의 핵심이 분명하게 드러난다. 즉, 급속도로 발전하는 우주관광 산업에서 부유한 개인이라면 기꺼이 우주여행의 경비를 부담하겠지만 그 외의 평범한 사람들에게는 우주여행의 기회가 복권 당첨이나 마찬가지라는 점이다.

스페이스X, 관문에 서다: 스타십의 궤도 발사 시도

스타십 SN11이 폭발한 이후 스페이스X는 SN15에 여러 가지 개선된 테스트 요소를 추가하는 한편, SN12부터 SN14까지는 임무를 취소하고 건너뛰었다. 그 후 슈퍼 헤비 로켓의 프로토타입(우주로 향하는 스타십 완전체를 탑재할 1단 로켓)의 엔진을 처음이자 마지막으로 가동했다. 에이드리언 해밀턴Adrian Hamilton의 저서 『우주 비행의 설계Diagram of a Spaceflight』에 따르면, 2021년 10월 기준으로 SN15를 비롯해 SN16부터 SN19까지는 이미 퇴역했거나 전시용으로 쓰이거나 제작이 중단된 상태다. 스페이스X가 유인 화성 탐사 계획에 따른 물자 수송에 관한 다음 단계를 준비하면서 한동안 스타십 발사는 중단되었다. 통합된 스타십 완전체인 SN20의 첫 번

왼쪽: 슈퍼 헤비 로켓 부스터 위에 탑재되고 있는 스타십 로켓.
상단: 2021년 4월 23일에 발사된 크루-2 임무에 참여한 우주 비행사들.

째 궤도 발사는 원래 2021년 중에 발사될 예정이었다[20번부터는 모델명이 SN(시리얼넘버)에서 Ship으로 전환되었다-옮긴이].

그래서 SN20은 궤도 발사 테스트를 진행하기 위해 8월 5일 목요일에 발사대로 옮겨졌다. 이 로켓은 보카치카 인근의 생산 시설에서 제작되었고, 완성된 후 이미 이틀 전에 발사대에 도착해 있던 슈퍼 헤비 로켓에 합류했다. 하지만 이번 발사에는 스타십의 테스트를 진행하던 기존 시설이 아닌 보다 특화된 발사대가 있어야 했다.

2021년 6월, 텍사스 보카치카 근처 스페이스X의 스타베이스

Starbase에 궤도 로켓 발사장(OLS)을 건설해 스타십 완전체(슈퍼 헤비 로켓에 탑재)의 첫 발사를 준비했다. 이 발사장에서는 스타십 본체를 슈퍼 헤비 로켓 위로 들어 올려 탑재할 수 있어서, 테스트가 진행될 때까지 로켓 전체를 지속적으로 모니터링할 수 있었다.

새로 건설된 발사 시설의 주요 요소들을 살펴보면, 통합 타워 및 스타십 급속 분리 로봇 팔, 그리고 '젓가락'이라는 구조가 있는데, 이 젓가락은 슈퍼 헤비 로켓이 발사된 후 지상으로 다시 떨어질 때 선체를 붙잡는 역할을 하도록 설계되었다. 다만 우선 SN20의 본체는 철저한 테스트가 필요했다. 첫 단계는 2021년 9월 27일에 시행된 극저온 내압 테스트였다. 몇 주간 공들여 극저온 내압 테스트를 실시했지만, 노즈콘 부분에서 다수의 열 차폐 타일이 떨어져 나가고 말았다.

이 결과에 대해 스페이스X 측은 그리 놀란 기색이 없는 듯했지만 이를 지켜보던 언론 매체들은 긴장할 수밖에 없었다. 테스트 기간 동안 현지에서 취재하던 NASA 스페이스플라이트닷컴의 기자 마이클 베일러가 트위터에 올린 짧은 영상을 보면 그 이유를 쉽게 이해할 수 있다. 선체의 최상단에서 트럭 한 대 분량은 족히 될 법한 양의 타일이 마구 튕겨져 나오는 광경을 생생하게 볼 수 있었기 때문이다. 그래서 많은 시간과 노동력을 투입해 SN20에 내열 시스템TPS이 적용된 타일을 제작해서 재배열했다. 노즈콘이 워낙 특수한 곡선 형태여서 타일을 모양에 맞게 배치할 때 매우 정밀하게 작업해야 했다. 이 타일들은 생산 라인에서 일괄적으로 제조한 것이 아니라 저마다 다른 모양과 크기로 맞춤 제작한 것이다.

하지만 이 문제로 크게 차질이 생긴 것은 아니었다. 스타십은 같은 날 이미 공압(또는 대기압) 테스트를 받았다. 바로 이 시점에서 스타십은 질소 가스로 채워진다. 이들 테스트는 스타십과 슈퍼 헤비 부스터 4 전체를 대상으로 진행되었고, 당초 2021년 후반에 궤도 시험 발사를 실시하는 것이 목표였다. 그러나 스페이스X가 시험 비행을 시도하려면 먼저 연방항공청의 승인을 받아야 했다. 연방항공청의 평가는 발사의 환경적 타당성에 중점을 두었다.

연방항공청이 향후 진행될 스타십의 발사에 대한 평가를 이어가는 동안, SN20은 2021년 10월 1일에 극저온 내구성 테스트를 통과했다. 한편 액화질소^{LN2} 테스트의 목표는 우주 공간에서 실제로 겪게 될 선체 내부와 외부의 압력 차이를 시뮬레이션해 보는 것으로, 그와 유사한 수준에 도달할 때까지 선체 내부 압력을 상승시켰다.

1기압인 지구 해수면에서와 달리 우주 공간에서는 선체 내부의 압력이 급격히 상승하기 때문이다. 이 테스트를 통해 극도로 낮은 외부의 압력을 선체가 구조적으로 견딜 수 있는지도 확인하는데, 여기서 온도가 -196℃ 이하인 액화질소를 사용한다.

다음 순서는 정적 연소 테스트로, 테스트 준비를 위해 랩터 엔진이 다시 장착되었다. 그리고 2021년 10월 21일, 해가 거의 저물어

갈 무렵에 스타십 우주선 본체의 거대한 실루엣이 잠에서 깨어나기 시작했다. 실황 중계를 하면서 이 과정을 지켜본 NASA 스페이스플라이트닷컴의 해설자들에 따르면, 이때는 2기의 랩터 엔진이 장착되었다. 그중 1기는 지구 해수면에서의 용도이고, 다른 1기는 우주 공간의 상대적인 진공 상태에서 사용하도록 설계되었다.

그날 밤 현지시각 9시 18분에 SN20은 두 번째 정적 연소 테스트를 진행하기 위해 엔진을 가동했고, 좀 더 긍정적인 결과를 얻었다. 엔진을 1기만 가동했던 오전의 첫 테스트와 달리, 이번에는 2기 모두 사용했거나 다른 1기만 사용했을 가능성이 있었다. 최종적인 형태의 스타십에는 6기의 랩터 엔진(해수면 엔진 3기, 진공 엔진 3기)이 장착된다.

한 달 후인 2021년 11월 12일, 현지시각 오후 1시 13분에 보카치카 근처 스타베이스 시설에서 SN20의 랩터 엔진 6기가 모두 가동되었다. 여전히 주요 부분의 개발이 진행 중인 상황이었지만, 로켓의 막강한 성능을 보여 주는 그야말로 엄청난 진풍경이었다. 테스트 종료 후 머스크는 "엔진 6기 모두 정적 연소 테스트를 잘 통과했어!"라는 트윗을 남겼다. 그리고 2021년 12월 29일, SN20은 다시 한번 정적 연소 테스트를 거쳤다. 두 번의 연소 테스트를 통과한 SN20 선체는 슈퍼 헤비 1단 로켓 위에 탑재되어 2022년 3월 초에 발사될 예정이었다.

하지만 열광적인 분위기는 2022년 초에 연방항공청이 발사 승인의 연기를 발표하면서 중대한 난관에 봉착했다. 2월이 되자 항공청은 결국 스페이스X의 발사에 대한 환경적 타당성 문제에 대한 결론을 내리기 위해 목표 일정을 공식적으로 연기했다는 내용을 프로젝트 페이지에 게재했다. 이러한 연기 결정은 벌써 두 번째였다. 앞서 2021년 12월 31일에도 발사 일정을 2022년 2월 28일로 연기했기 때문이다. 이제 스페이스X는 연방항공청이 발사 허가를 내줄 것인지 알아내려면 그저 3월 28일까지 기다리는 수밖에 없었다.

실망한 팬들과 스페이스X의 직원들을 위해 분위기라도 전환하고, 한편으로는 더욱 명확한 목표를 제시할 생각으로 2022년 3월에 머스크는 트위터를 통해 글을 남겼다. "2021년에 SN20의 랩터

앞쪽: NASA의 초분광 적외선 영상기인 HyspIRI의 준비 작업 담당 기술자가 ER-2 우주선의 초분광 열 방출 분광계에 극저온의 액화질소(LN2)를 붓고 있다.
하단: SN20의 첫 번째 정적 연소 테스트. 랩터 엔진 6기를 가동하고 있다.
오른쪽: 정적 연소 중인 31기의 슈퍼 헤비 랩터 엔진.

엔진을 성공적으로 가동시킨 것은 스페이스X가 오랫동안 고대하던 궤도로의 시험 비행을 2022년 5월에는 실행하기를 바라는 의도였다."라는 내용이었다. 사실 머스크의 트윗은 앞선 CNBC의 보도에 대한 직접적인 응답이라고 볼 수 있다. CNBC는 기사를 통해, 러시아에 대한 국제 사회의 제재에 따라 러시아가 국제 우주 산업과 관계를

상단: 텍사스 보카치카의 스타베이스 본부.
오른쪽: 스타십이 맹렬한 속도로 지구 대기권을 벗어나는 모습을 그린 상상도.

단절하겠다고 결정함으로써 결국 스페이스X가 유리한 위치에 놓일 것이 분명하다고 주장했다.

하지만 이러한 한 줄기 희망에도 불구하고 스페이스X는 스타십 프로토타입의 첫 궤도 비행 명단에서 스타십 SN20을 제외했다. 트위터에서 누군가가 첫 궤도 비행에 SN20과 슈퍼 헤비 부스터 4를 합체해서 사용할 것인지, 아니면 새로운 모델을 쓸 것인지 물었더니, 3월 21일에 머스크는 특유의 퉁명스러운 말투로 "새것"이라고 답했다.

그의 답변대로라면 슈퍼 헤비 부스터 4 역시 교체될 가능성이 있다는 뜻이었다. 그 말인즉슨 다가올 궤도 비행에 사용될 전체 비행 설계가 2022년 3월 기준으로 아직 완료되지도 않았다는 것이고, 수개월 내에 발사될 것이라는 예상도 점차 신뢰를 잃었다. 로이터 보도에 따르면, 그로부터 며칠 후인 3월 25일에 연방항공청은 보카치카의 스타십 및 슈퍼 헤비 로켓 발사 계획에 대한 검토가 아직 불완전하다는 구실로, 목표 일정을 또 한 차례 연기함으로써 상황은 더욱 안 좋아졌다.

연방항공청의 평가에 따라 연기된 발사일은 4월 29일이었다. 엄밀히 말하면 여전히 스페이스X의 스타십이 2022년 5월에 발사될 가능성이 있다는 의미였다. 하지만 6월이 되었는데도 아무런 비행 소식이 없었다. CNBC의 기사에 따르면, 머스크는 스타십 프로토타입이 7월까지는 '이륙 준비'가 될 것이라고 발표했다. 긍

정적으로 보자면, 해당 기사는 연방항공청이 마침내 스타십의 궤도 비행 계획에 대한 평가를 완료했다는 사실을 공개한 다음 날인 2022년 6월 13일에 보도되었다. 스페이스X의 스타십 프로토타입이 마침내 궤도로 발사되는 것이다.

스페이스X로서 이는 자축할 만한 일이었다. 하지만 연방항공청의 최종 승인을 받으려면 조건이 있었다. 로켓 발사가 환경에 미치는 복합적인 영향을 다룬 75개 이상의 항목을 스페이스X가 실행에 옮겨야 했다. 이 모든 사안을 처리한 후에야 스페이스X는 보카치카 기지에서 발사 면허를 손에 넣을 수 있었다. 제시된 항목에는 소음 발생 제한, 지역의 수자원 보호, 발사 과정에서 유해 물질 배출 통제 등이 포함되었다.

스페이스X는 '자격을 갖춘 생물학자'를 고용해서 로켓 발사가 바다거북에 미치는 잠재적 영향이 적정하게 감소되었는지 점검하도록 해야 했다. 거기다 스페이스X 시설과 브라운스빌 사이를 오가는 직원 전용 셔틀을 계속 운행하고, 매 분기마다 보카치카 해변에서 정화 작업을 실시할 의무도 있었다. 요구 항목 중에는 몇 가지 희한하고 다소 일반적이지 않은 내용도 있었는데, 가령 멕시코 전쟁 및 미국 남북 전쟁 중에 인근 지역에서 발생했던 사건에 대한 역사적 보고서를 작성하고, 그 지역의 전쟁 유적지에서 소실된 일부 유물에 대해 스페이스X가 대체품을 마련해야 한다는 항목도 있

왼쪽: 2022년 4월 27일, 플로리다의 케네디우주센터에서 스페이스X의 크루-4가 발사되고 있다.
상단: 2022년 10월 14일, 스페이스X의 크루-4 드래곤 캡슐이 플로리다 잭슨빌 연안에 착수하고 있다.

었다. 또한 5천 달러의 기부금을 조성해서 오셀롯(표범과 유사한 고양이과의 동물-옮긴이)과 멸종 위기 맹금류를 보호하는 단체와 주에서 운영하는 휴양 낚시 프로그램 등에 기부하고, 그 밖에도 여러 환경 친화적인 조치를 취해야 했다. 스타십 발사가 늦춰지고 관료적인 절차가 진행되는 가운데, 우주정거장으로 향한 팰컨9 로켓의 유인 비행은 만반의 준비를 끝낸 상태였다.

스페이스X: 우주정거장으로 가는 NASA의 새로운 단골 엘리베이터

2022년 4월 27일 현지시각으로 오전 3시 52분. NASA의 우주 비행사들은 크루-4 임무를 위해 플로리다의 케네디우주센터 발사 복합단지 39A에서 스페이스X의 드래곤 캡슐에 탑승했다. 밥 하인즈Bob Hines가 조종을 담당했고, 유럽우주국ESA에서 파견된 미션 스페셜리스트 사만다 크리스토포레티Samantha Cristoforetti와 제시카 왓킨스Jessica Watkins, 그리고 사령관은 키엘 린드그렌Kjell Lindgren이었다. 로켓은 발사 1시간 후 궤도에 진입했고, 이로써 해당 임무는 국제우주정거장으로의 네 번째 상업 유인 임무로 기록됐다. 당시 NASA 국장이었던 빌 넬슨Bill Nelson은 언론 발표에서 이같이 말했다.

"발사! 케네디우주센터에서 보낸 지난 며칠은 무척이나 감격적이고 분주한 시간이었다. 키엘, 밥, 제시카, 사만다는 우주정거장에 머무는 동안 NASA가 달에, 궁극적으로는 화성에 장기간 체류할 계획을 세우는 데 도움이 될 연구와 조사를 진행할 것입니다."

그해 10월 14일 현지시각 오후 4시 55분에 비행사들을 태운 크루 드래곤 캡슐이 플로리다 잭슨빌 동쪽의 대서양 연안에 착수하며 지구로 귀환했다. 우주정거장은 지구 저궤도에 위치하기 때문에 정거장과 도킹을 해제한 후 지구로 돌아오기까지는 고작 5시간으로, 사상 최단 시간을 기록했다.

크루-4 임무가 완료되기 몇 주 전인 2022년 10월 5일에는 크루 드래곤 인듀어런스Endurance(각각의 드래곤 캡슐에는 고유한 이름이 붙여져 있다-옮긴이)가 NASA와 스페이스X의 크루-5 임무를 수행하기 위해 케네디우주센터의 발사 단지 39A에서 현지시각으로 정오에 발사되면서, 우주정거장에서 6개월간 진행되는 임무의 시작을 알렸다.

인듀어런스에 탑승한 멤버는 NASA 소속 조종사인 조시 카사다Josh Cassada를 비롯해 사령관 니콜 만Nicole Mann, 일본 우주항공연구개발기구JAXA의 미션 스페셜리스트 와카다 코이치, 러시아 연방 우주청Roscosmos의 안나 키키나Anna Kikina였다. NASA의 블로그 포스트를 통해 NASA의 빌 넬슨 국장은 "우리는 현재 민간 우주 탐사의 황금기에 있습니다. 그 증거가 바로 크루-5와 같은 임무입니다."라고 말했다.

넬슨 국장은 덧붙여 말했다.

"우리는 파트너십의 정신으로 과학적 독창성에 힘입어 새로운 발견에 도전하는 새로운 시대를 살아가고 있습니다."

크루-5의 임무는 우주정거장에서 157일간 체류하면서 200건 이상의 과학 실험을 수행하고, 2023년 3월 11일 지구로 귀환하는 여정이었다. 크루 드래곤은 우주에서의 임무를 완수하고 대기권을 전속력으로 통과해 한밤중에 플로리다 연안에 착수했다. 특히 해당 드래곤 캡슐에는 NASA 소속인 프랭크 루비오Frank Rubio를 추가로 탑승시킬 공간을 임시로 마련하기도 했다. 유성체 충돌의 여파로, 앞서 러시아의 소유즈 우주선이 우주정거장으로 싣고 갔던 비행사 세 명 전원을 지구로 귀환시키지 못하는 상황을 우려한 당국의 결정이었다.

이후 러시아가 자국 비행사들과 함께 루비오를 데리러 소유즈를 대체할 로켓을 올려 보내면서, 크루 드래곤에 추가 인원을 탑승시키려던 계획은 취소되었다. 그런데 우주정거장의 우주 비행사들이 지구 저궤도 상공에서 즐거운 시간을 보내는 동안, 지구에서는 굉장한 일이 일어났다. 스타십의 첫 번째 궤도 비행 준비가 진행되고 있었던 것이다. 스타십 SN20은 여러 테스트를 성공적으로 통과했음에도 아쉽게 퇴역한 상태였다. 그와 더불어 고유 번호(SN) 21부터 23에 해당하는 모델 역시 12부터 19까지의 모델과 마찬가지로 폐기되었다.

2023년 1월경, 스타십 SN24의 발사가 서서히 다가오고 있었다. 슈퍼 헤비 부스터에 탑재된 스타십 완전체는 높이가 거의 120미터에 달했다. 스페이스X는 스타십 SN24와 슈퍼 헤비 부스터에 4,500톤 이상의 연료를 주입하는 등의 절차를 완료했고, 처음으로 실제 비행과 유사한 지상 연소 실험wet dress rehearsal(비행체 발사 전 지상에서 마지막으로 하는 발사 시험으로, 액체 연료를 사용하므로 wet(젖은)이라는 표현이 붙는다-옮긴이) 또한 완료했다고 발표했다. 당초 스페이스X는 2월이나 3월에 이 스타십의 첫 궤도 비행을 시도할 계획이었다.

2023년 3월 초에 《포브스》와 인터뷰를 한 머스크는, 인터뷰가 마무리되기 직전에 이런 말을 남겼다.

"여건이 된다면 우리는 다음 달쯤에 첫 발사를 진행할 겁니다."

이때쯤이면 그동안 스타십 발사가 워낙 지체되다 보니 매스컴과 업계도 흥미를 잃었을 것이라고 생각할지도 모른다. 스타십 완전체가 세상에 공개된 지 18개월 이상이 지난 상황인 데다가 온라인 대중매체란 아마도 지구상에서 가장 참을성 없는 존재일 것이기 때문이다. 그러나 이를 무시하기에는 너무나 규모가 큰 사건이었다.

머스크는 이어서 말했다.

"저는 스타십이 궤도에 오를 것이라고 단언하는 게 아닙니다. 다만 흥미진진할 거라고 장담합니다. 지루하진 않을 거예요."

2023년 4월 20일, 동이 트고 몇 시간이 지난 후, 멕시코만 연안

오른쪽: 2003년 5월, 국제우주 정거장의 두꺼운 창문으로 보이는 정거장을 떠나는 러시아 소유즈 우주선.

의 보카치카 발사장에서 SN24의 스타십 완전체는 만반의 준비를 끝냈다. 발사 몇 분 전, 발사의 순간이 다가오면서 2단 로켓으로부터 증기와 함께 새하얀 가스가 뿜어져 나왔다.

스타십의 '흥미진진한' 첫 시험 비행

수 킬로미터에 이르는 자욱한 안개가 온 사방에 깔려 시야를 가렸다. 이윽고 안개가 서서히 물러가면서 스페이스X의 온라인 생중계를 통해 "스타십 발사체에 4,500톤의 연료가 주입되었습니다."라는 안내 메시지가 들려왔다. 발사체 최하단에는 총 33기의 랩터 엔진이 장착되었는데, 삼각 배열된 엔진 3기를 중심으로 나머지 30기의 랩터 엔진이 동심원을 그리며 에워싼 형태였다. 중앙에 위치한 13기의 엔진은 소위 '짐벌링gimbaling'이라 불리는 회전 기능이 있어서 선체의 비행 궤적을 안정적으로 유지하고 제어할 수 있도록 설계

상단: 2023년 1월 23일에 공개된 최초의 스타십 완전체(슈퍼 헤비 부스터 포함)에는 4,500톤 이상의 연료가 채워졌다.
오른쪽: 스타십 완전체 로켓이 2023년 4월 20일 처음으로 상공을 날아가고 있다.

되었다.

발사 90초를 남기고 최종 기능 테스트를 진행하면서 이 13기의 엔진이 '요동치기' 시작했다. 카운트다운이 1분 이내로 접어들자, 한데 모인 관중과 직원들의 환호성이 울려 퍼졌다. 이제 40초, 그런데 남은 시간을 알리는 시계가 두 차례 되풀이된 후 갑자기 '중지'

상태로 바뀌었다. 장내는 쥐죽은 듯 조용해졌다. 몇 분 후, 시계가 30초부터 다시 작동하기 시작했다. 환호성과 박수 소리가 마지막 10초까지 이어졌고, 사람들은 흥분을 멈출 수 없었다. 그때부터는 모든 사람이 동시에 한목소리로 외쳤다. "8, 7, 6, 5, …" 현지시각 오전 9시 33분, 로켓의 하단으로부터 터져 나온 폭발음은 그 옛날 아폴로 11호를 달까지 날려 보낸 새턴 5호보다 더욱더 강력했다.

근처 격납고 높이까지 갈색 먼지와 연기가 치솟으며 발사장 전체를 뒤덮고 온 사방으로 퍼져 나갔다. 완전체 로켓 전체 길이보다 더 높이 퍼져 나가는 연기 속에서 스타십은 순식간에 시속 수백 킬로미터의 속도로 솟아올랐다.

스타십은 약 9킬로미터 상공에서 '맥스 Q', 즉 최대 동압점(대기권에서 발사체 주위의 동적 압력이 최대가 되는 지점-옮긴이)에 도달했다. 지상의 카메라에 포착된 스타십의 엔진은 마치 작은 별처럼 보였다. 그로부터 약 2분이 지난 후, 슈퍼 헤비 로켓이 스타십(2단 로켓)에서 분리된다는 안내 방송이 나왔다. 그런데 무언가 앞뒤가 맞지 않았다(아니면 앞뒤가 맞았던 것이 문제였을지도). 두 로켓이 분리되지 않은 것이다. 곧 로켓은 격렬하게 회전했다. 선체가 회전하는 동안 로켓에 장착된 카메라를 통해 지구가 빙글빙글 돌아가는 광경을 보고 있자니 멀미가 날 지경이었다. 그러다가 로켓은 방향을 완전히 바꾸며 수직으로 뒤집어졌다. 정상적인 상황이라면 분리된 2단 부분만 그렇게 되어야 했다. 게다가 한 번이 아니라 여러 번 뒤집어지면서 선체에 점점 더 많은 동적 하중이 가해졌다. 선체가 그때까지 버텨 냈다는 것은 로켓의 내구력이 그만큼 엄청나다는 증거였다.

하지만 결국 발사 후 4분이 지난 시점에 우주선 자체가 폭발하며 그대로 해체되고 말았다. 머스크는 '흥미진진한' 첫 시험 비행을 보장한다는 약속을 지켰다. 게다가 스페이스X 측의 생중계 화면에 잡힌 머스크는 잔뜩 흥분한 모습이었다. 중계방송을 진행하던 한 해설자는 다음과 같이 발언했다.

"오늘의 발사는 스타십의 첫 시험 비행으로, 개발 테스트의 일환이었고 데이터를 수집하는 것이 목표였습니다. 그러니 우리가 늘 말하던 대로, 발사대를 재정비해서 다시 날려 봅시다!"

또 다른 젊은 해설자는 수년 전 멕시코시티에서 머스크가 했던 연설을 다시금 소환해, 폭발로 끝난 오늘의 발사에서 수집된 데이터는 스페이스X가 훗날 인류를 '다행성 종족'으로 만들겠다는 핵심 목표에 도달하는 데 도움이 될 것이라고 강조했다.

스페이스X의 직원들에게 로켓 폭발은 이제 일상이 되어 버렸지만, 여전히 의문은 남는다. 비행 과정에서 무엇이 잘못되었으며, 왜 폭발했는가? 이 첫 비행은 여러 엔진에 작동 오류가 있었음에도 39킬로미터라는 최대 고도에 도달했다. 안정적인 비행경로를 유지할 방도가 전혀 없다는 사실이 명백해지자, 스페이스X는 부스터와 본체 양쪽에 비행 종료 시스템을 작동시켰고, 로켓은 완전히 해체

상단: 2023년 4월 20일에 스타베이스로부터 발사된 스페이스X의 스타십 우주선과 슈퍼 헤비 로켓이 폭발하고 있다.
오른쪽 상단: 2023년 4월 20일에 스페이스X의 스타십 완전체의 비행 시도가 종료된 후, 땅 위에 널린 잔해. 강력한 팰컨9 엔진이 결합되어 NASA의 새턴 5호 로켓의 총 추진을 넘어섰다.
오른쪽 하단: 스페이스X 측은 2023년 4월 20일에 실패로 끝난 스타십 완전체의 궤도 비행에 대해 사후 평가를 진행하면서, 폭발 당시 발사대로부터 튕겨져 나간 철근과 콘크리트 잔해를 인근 도로에서 수거했다.

상단: 억만장자이자 스페이스X를 설립한 이 우주 거물은 막강한 팬덤을 보유하고 있다. 그중에는 스페이스X가 지출하는 환경 비용을 그리 달가워하지 않는 팬들도 있다.

오른쪽: 2022년 8월 4일 블루오리진의 뉴셰퍼드가 이륙하는 모습.

되어 불덩이로 변하고 말았다.

타의 추종을 불허하는 스타십

스타십에도 '경쟁자'들이 있다고 하면 이상한 말이다. 왜냐면 미국 내에서 제작된 궤도 등급 로켓 가운데 현재 운영 중인 모델은 NASA에서 개발한 우주 발사 시스템SLS뿐이기 때문이다. 하지만 21세기의 우주 경쟁이란, 모든 발사 실황 중계의 시작과 끝에 전하는 인류와 과학의 발전을 위한 메시지와는 다르게 과학적 양상을 띤다기보다는 상업적 측면이 강하다. 만일 상업적 기준에서 블루오리진과 비교해 볼 만하다고 한다면, 각 업체의 가장 강력한 로켓과 비교하는 것이 바람직할 것이다.

스타십과 달리, 블루오리진의 뉴셰퍼드 로켓은 현재 인간을 궤도에 진입시킬 수 없다. 그 대신, 뉴셰퍼드는 많은 비용을 내는 소규모 고객을 상대로 운영된다. 로켓에 승객들을 태운 뒤 수직으로 발사하여 상공에서 유인 캡슐을 분리하면 매우 정확하게 탄도 궤도를 따라 운행된다. 캡슐은 대기권 경계에 이르렀다가 가속도가 떨어지면 지구로 다시 내려와 낙하산을 이용해 사막 지역에 착지하는 방식이다. 하늘을 향해 수직으로 겨냥해 발사하는 강력한 소총이라고 보면 이해하기 쉽다. 총탄은 곧장 땅으로 낙하할 수밖에 없다.

뉴셰퍼드 로켓은 높이 18미터에 직경은 대략 3.7미터이며, 액화산소와 액화수소로 추진하는 단일 엔진을 장착한 1단으로만 구성된 것이 특징이다. 이 우주선의 최대 적재량은 공개되지 않았으나, 스페이스X의 슈퍼 헤비나 팰컨 헤비 또는 스타십 모델들에 필적할 수준은 아니라고 봐도 무방하다.

뉴셰퍼드에는 6인의 승객이 탑승해서 대략 93킬로미터 높이까지(다만 유인 캡슐은 고도 105킬로미터까지 상승한다) 도달할 수 있으며, 캡슐 내부 넓이는 대략 15세제곱미터다.

뉴셰퍼드의 최대 추력은 약 45톤이다. 상당한 규모로 보일지 모르겠으나, 스페이스X에서 운영 중인 로켓 중 가장 성능이 약한 로켓인 팰컨9 로켓의 추력이 680톤으로 우주에 도달한다. 팰컨9 로켓이 내는 추력의 상당량은 측면으로도 향할 수 있게 설계되어서, 우주 비행사나 매우 육중한 군사 위성 및 과학 위성을 비롯해 우주 정거장으로 보낼 화물까지 탑재하고도 궤도상에서 속도를 충분히 낼 수 있게 한다. 그리고 이 두 로켓 모두 팰컨 헤비 로켓과는 거의 대적할 수조차 없다. 팰컨 헤비는 팰컨9 로켓의 양옆에 부스터 2기를 결합한 형태로, 발사 시 27기의 멀린 엔진이 가동되며, 최대 추력이 2,327톤에 달한다. 이 로켓이 처음 등장했을 때 발사 시 추력은 3,402톤에 달했던 새턴 5호에 이어 역사상 두 번째로 강력한 로켓이었다. 당연히 이에 뒤지지 않으려고 NASA는 SLS의 발사 시 추력을 3,629톤 이상이 되도록 설계했다.

게다가 팰컨 헤비는 드래곤 캡슐을 탑재할 수 있으며, 임무의 종

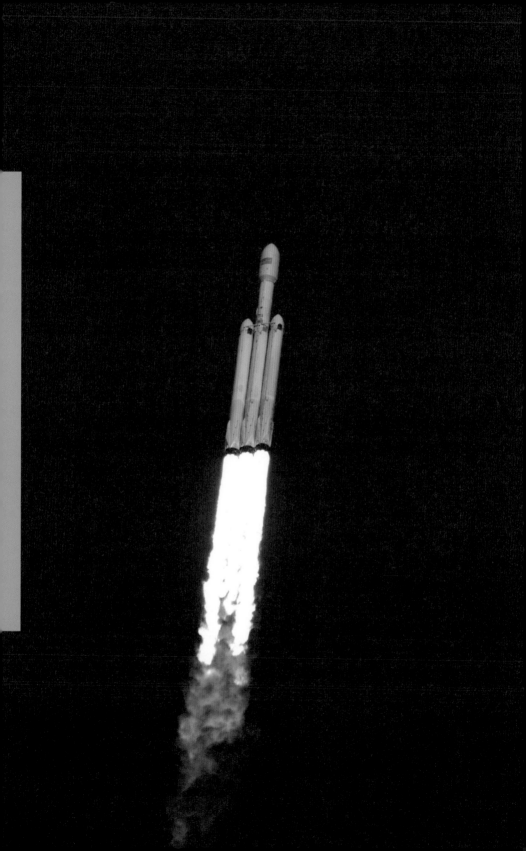

류에 따라 다른 구조와 합체도 가능하다. 그리고 팰컨 헤비에 포함되는 팰컨9와 마찬가지로, 팰컨 헤비의 1단과 2단은 액화산소와 RP-1(케로신)을 연료로 사용한다. 이러한 조합과 막강한 추력이 결합해 팰컨 헤비는 우주왕복선과 델타 4 헤비Delta IV Heavy의 3배, 아틀라스 5호 로켓의 약 4배에 해당하는 탑재물을 운반할 수 있다. 하지만 스타십은 이 모든 기술을 한 단계 끌어올려, 마치 차세대 로켓 기술을 구현하려 한다는 인상을 준다.

스타십 발사체는 항상 2단으로 구성된다. 1단은 70미터 높이의 슈퍼 헤비로, 33기의 엔진이 장착되어, 엔진 수가 6기인 SLS나, 5기인 새턴 5호보다 훨씬 더 강화된 기동력을 확보할 수 있다. 또한 추력은 7,575톤 이상으로, NASA의 SLS의 2배에 달한다. 새턴 5호가 보유하던 1위 자리는 군이 거론할 필요도 없을 듯하다.

스타십의 2단 로켓은 더욱 상징성을 갖는다. 공상과학 영화에나 나올 법한 50미터 높이의 외관으로, 인간이 탑승하거나 화물을 탑재할 수 있고 별도로 랩터 엔진 6기를 장착한다. 이 두 개체가 결합된 스타십 완전체는 40층 높이의 그야말로 초자연적 존재다. 미국에서 대중의 선호도는 다소 갈리는 편이긴 하다. 하지만 이 글을 쓰는 현재까지도 여전히 궤도에 도달하지 못한 스페이스X의 스타십에 대한 호감도가 실제로 달 무인 탐사에 성공한 NASA의 SLS 로켓보다 오히려 높다고 할 수 있다.

유인 탐사의 새로운 시대로 들어가는 첫 단계다.
NASA는 민간 업체 및 여러 국가와의 파트너십을 통해
달에 지속 가능한 정착지를 건설함으로써
화성으로의 임무를 준비해 나갈 것이다.

6.

달, 화성
그리고
그 너머로

2022년 3월, NASA 케네디우주센터의 우주선 조립동(VAB)에서
최초로 공개된 우주 발사 시스템(SLS) 로켓과 오리온 우주선.

2016년 멕시코에서 개최된 국제우주대회에서 일론 머스크는 우주여행에 대한 자신의 목적을 분명하게 설명했다. 그는 인류에게 주어진 지구상에서의 시간이 궁극적으로 두 가지 결말 중 하나에 이를 수밖에 없다고 본다.

"우선 우리가 영원히 지구상에만 머물러야 한다고 칩시다. 결국 어떤 사건이 일어나 인류는 멸망하겠죠. 저는 종말이 가까워졌다는 예언을 믿지는 않지만, 역사는 인류의 종말을 초래하는 사건이 언젠가는 일어날 것을 시사합니다. 그에 따라 인류는 우주를 여행하는 문명을 일으켜 다행성 종족으로 거듭나야 합니다. 다들 이것이 옳은 방향이라는 데 동의했으면 합니다."

상단: 2016년 9월 27일 멕시코 과달라하라에서 개최된 제67회 국제우주대회에서 일론 머스크가 발언하고 있다.

Carbon-fiber primary structure
Densified CH$_4$/O2 propellant
Autogenous pressurization

　멸종에 대한 두려움이 더해진 생존 의지야말로 인류를 달에 올려놓았던 기술적 동력을 다시 불러일으키고, 다행성 종족으로서 인류의 운명을 실현하려는 머스크를 질주하게 하는 원동력이었다. 이를 추진하는 과정에서 공공과 민간의 합작 항공우주 기업이 참여하는 형태는 여론이나 미 의회 그리고 금융계 엘리트 집단의 이해관계와 무관하게 비교적 독립성을 유지할 수 있다는 중요한 이점이 있다. 수천억 달러의 재산과 충분한 공학적 재능만 있다면, 얼마든지 로켓을 궤도로 쏘아 올릴 수 있고, 그보다 더한 계획도 추진할 수 있다.

그렇지만 물리학이나 재료공학을 간과한다면 행성 간 여행은 실현될 수 없다. 지구 대기 중의 산소로 연료를 산화시켜(혹은 점화해서) 연소 반응을 일으키는 제트 엔진과 달리, 로켓은 내부에서 별도의 산화제를 이용해 우주 공간에서 액체 연료를 산화시키는 방식이다. 액체 연료 추진 로켓은 1926년에 미국의 로버트 H. 고다드 교수가 액화산소와 휘발유를 사용해 로켓 발사를 시도한 것이 시초다. 당시 그 로켓은 2.5초 만에 12.5미터 상공까지 솟아올랐다. 그때부터 로켓 설계 분야에서 수많은 혁신적인 발전이 이루어지면서 먼 우주 공간으로의 여행을 위한 다양한 비행 설계 방식이 개발되었다. 하지만 여전히 이러한 방식들은 단순함과는 거리가 멀었다.

스페이스X 스타십의 성능은 여타 경쟁 모델들보다 훨씬 더 강력하기는 해도, 지구 저궤도에서 다른 유인 스타십과 랑데부하거나 더 먼 우주의 새로운 세계로 떠나려면 연료를 보충할 급유선이 필요하다. 이 급유선은 기본적으로 동일한 스타십 기종에 창문이 없는 형태라고 보면 된다. 스타십의 목적지가 화성이라면 연료 재급유는 선체의 재사용 여부 못지않게 중요한 문제다. 이 두 가지 요소 없이는 화성에 정착 기지를 세우는 것은 요원한 일이다. 스타십을 지상에서 발사한 후 재사용할 수 없으면 화성에서 다시 귀환할 길이 없다. 화성 현지의 조건에 따라 몇 주 혹은 며칠 만에 스타십 발사 시스템을 재가동해야 할 수도 있기 때문이다.

마찬가지로 재급유를 할 수 없게 되면 지구 저궤도 너머 어디든 인류가 정착하는 기지로 물자를 수송하는 일이 수십 배 더 어려워지고 비용이 많이 들 뿐 아니라 금세 자원이 고갈될 것이다. 상상할 수도 없는 엄청난 수의 우주선이 투입되어야 하므로 자원을 과도하게 낭비하게 될 것이다. 팰컨9, 팰컨 헤비, 크루 드래곤 캡슐과 같은 스페이스X의 다른 우주선들과 달리, 스타십은 완전히 재사용할 수 있어야 하고, 이들 각각의 우주선 성능을 통합시킨 일체형 모델의 기능을 지녀야 한다. 랩터 엔진 또한 팰컨9에 사용되는 멀린 엔진에 비해 재사용 가능성 측면에서 훨씬 단순한 해결책을 제시한다.

그런데 궤도상에서 재급유에 대한 한 가지 문제는 우주 공간의 본질과 관련된다. 궤도상에서는 미세 중력의 영향으로 우주선에 탑재된 연료가 선체 내부에서 선체와 따로 움직이는 효과를 받는다. 방 안에 가스가 들어찬 커다란 기체 방울이 둥둥 떠다니는데 이 기체 방울을 파이프 속에 집어넣어 점화한다고 상상하면 된다. 쉬운 과제는 아니지만, 우주 공간에서 미세 중력을 활용해 연료 전달 문제의 해법을 마련할 수 있다.

스타십과 급유선이 도킹한 상태에서 두 우주선의 연료 탱크를 열어 연결한 후 급유선이 연료를 공급받는 스타십의 반대 방향으로 가속해서 이동하기만 하면 된다. 그러면 뉴턴의 운동 법칙인 관성의 법칙에 따라, 가속하는 급유선에 대해 급유선 내부의 연료가

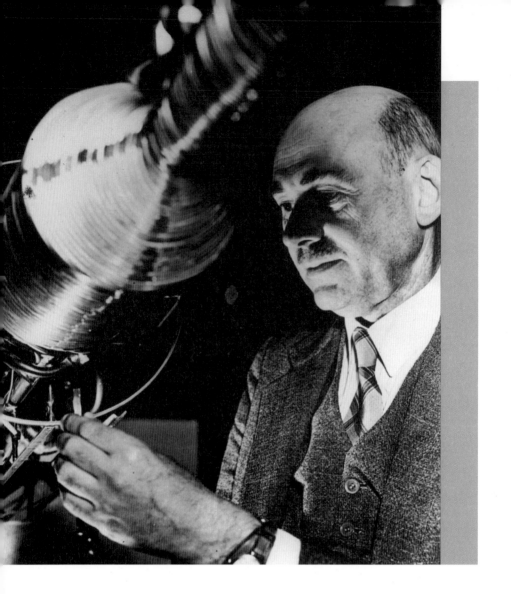

상단: 초창기 로켓공학 및 설계 분야를 개척한 로버트 고다드 박사.
오른쪽 상단(좌): 두 스타십이 각 선체의 후면으로 도킹해서 급유하는 모습을 그린 그래픽 이미지.
오른쪽 상단(우): 우주정거장에서 유럽우주국의 우주 비행사인 스페인의 페드로 두케(Pedro Duque)가 카메라와 자기 사이에 떠 있는 물방울을 바라보고 있다.

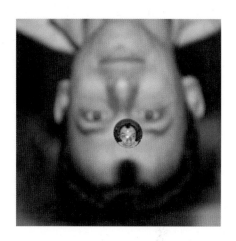

정지 상태를 유지하려고 반대 방향으로 밀려나가므로 그대로 스타십 본체의 연료 탱크로 주입되는 것이다. 간단한 방식이다.

그런데 '안정적인 연료 공급settled propellant transfer'이라 불리는 이 과정에 대해 커다란 의문이 제기되고 있다. 급유선은 이 과정에서 얼마만큼 가속해야 하는가?

그리고 연료는 얼마나 소모되는가? 2006년에 「극저온에서 안정적인 연료 공급」이라는 제목으로 커터

Kutter 외 저자들이 공동 발표한 논문에 따르면, 그 답은 약간 더 복잡할 뿐이다. 두 우주선이 100톤 규모일 때 0.0001G, 즉 지구 해수면 중력 크기의 1만분의 1에 해당하는 속도로 가속하면 연료가 공급되기 시작할 것이다. 그리고 급유 과정에서 필요한 수소 및 산소 연료는 시간당 45킬로그램만으로 충분할 것이다.

2021년에 블루오리진은 스페이스X를 겨냥해서, 스타십으로 달에 도달하려면 급유선을 포함해서 발사가 총 16회까지 필요할 수도 있다고 주장했다. 머스크는 이 추정치에 반박하는 트윗을 남겼다.

"16회 발사는 극히 개연성이 없는 주장이다. 궤도에 이르는 스타십의 탑재 하중은 약 150톤이다. 그러므로 달 탐사용 스타십에 1,200톤의 연료를 급유하려면 최대 8회 발사면 가능하다."

또한 머스크는 스페이스X와 NASA의 다른 우주선들보다 스타십의 구조가 지닌 이점에 관해 이야기했다.

"날개와 열 차폐막을 제외하면 스타십은 훨씬 가벼워진다. 달 착륙선의 다리도 크게 무게를 더하지 않는다(중력이 6분의 1이다). 어쩌면 연료를 절반만 채워도 충분할 듯한데 그렇게 되면 급유선은 4회 발사로도 충분하다."

그러나 머스크는 달 탐사에 16회의 발사가 필요하더라도 상관하지 않는다며 이어서 이러한 트윗을 남겼다.

"하지만 만일 도킹까지 포함해서 16회의 발사가 필요하더라도 상관없다. 스페이스X는 2021년 상반기에만 16회 이상의 궤도 비행을 수행했으며(스타십 간의 도킹보다 훨씬 어려운) 우주정거장과의 도킹을 20차례 이상 수행했다."

그 이후에 진행된 스페이스X의 발사 목록을 자세히 살펴보면, 아찔한 속도로 발사 횟수를 늘려가는 스페이스X의 역량을 확인할 수 있다. 2023년 8월까지 스페이스X는 로켓을 53차례(팰컨9 49회, 팰컨 헤비 로켓 3회, 스타십 1회) 발사했다.

굳이 상상력을 발휘하지 않아도 일단 스타십의 역량이 검증되면 발사 횟수가 급속도로 증가하리라는 판단은 어렵지 않게 할 수 있다. 행성 간 임무뿐 아니라 지구상에서도, 가령 뉴욕에서 도쿄까지 운행할 수도 있을 것이다. 따라서 스페이스X의 발사 역량을 2010년대의 관점에서 보면 달 탐사에는 엄청난 양의 연료가 필요해 보일 수 있지만, 앞으로 수십 년 후면 우리 사회가 상상하는 화성의 이미지가 비단 공상과학 소설 시리즈의 머나먼 꿈이 아닌 인류의 눈앞에 다가온 목적지가 될지도 모른다.

다만 현재나 미래에 있을 우주 탐사의 설계에 화성보다는 달에 다시 착륙하는 것을 우선적으로 고려한다는 데는 여러 우주 기관 간에 이견이 없다. 그리고 스페이스X의 스타십이 현시점에서 우리를 달로 안내해 줄 가장 유망한 기술적 구조이기는 해도, 수많은 공공 기관과 민간 업체들이 공동으로 이를 추진하도록 조직화하는 것은 NASA가 주관하는 아르테미스 계획이다.

지구 저궤도는 고도 약 100킬로미터에서 시작되는데, 국제우주

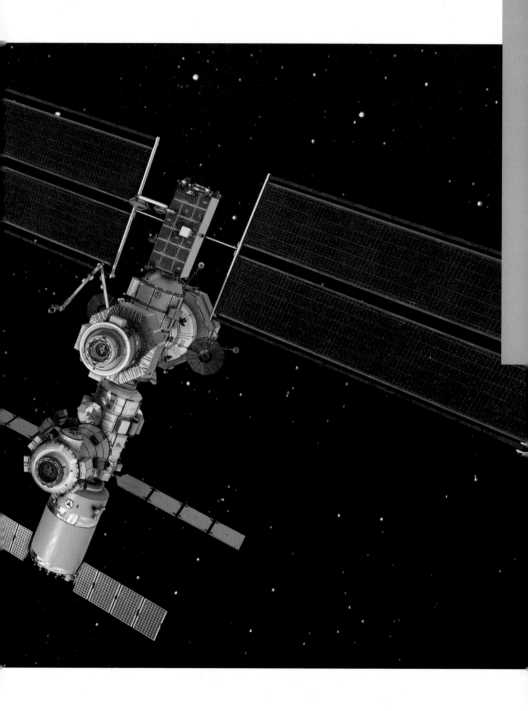

정거장은 약 354킬로미터 상공에서 궤도를 유지한다. 달은 지구에서 38만 4,400킬로미터로, 그보다 훨씬 멀리 떨어져 있다. 달과 그 너머의 우주에 도달하기 위해 NASA는 아르테미스라는 우주 유인 탐사 계획에 엄청난 자원을 투입해 왔다. NASA는 아르테미스 계획에 대해 웹사이트에 이렇게 밝혀 놓았다.

유인 탐사의 새로운 시대로 들어가는 첫 단계다. NASA는 민간 업체 및 여러 국가와의 파트너십을 통해 달에 지속 가능한 정착지를 건설함으로써 화성으로의 임무를 준비해 나갈 것이다.

그렇다면 달에 기지를 왜 건설해야 할까? 달을 찾는 이유는 여러 가지다. 대외적으로 알려진 NASA의 어젠다는 첫 번째가 과학적 발견이며, 그다음이 경제적 이익, 그리고 NASA가 "아르테미스 세대"라고 명명한 미래의 새로운 세대의 탐험가들을 일깨우려는 열망이다. 미국은 아르테미스 계획으로 우주에서 '모든 이가 혜택을 누리도록' 전 세계적인 동맹 체계를 구축하면서도 우주 탐사의 주도권을 견지할 것이다. 특히 달을 화성으로 가는 디딤돌로 여기는 만큼 달 탐사 자체를 목표로 하는 또 다른 디딤돌도 필요해 보인다.

이 가운데 중요한 점은 달 궤도상에 영구적인 궤도 우주정거장, 즉 루나 게이트웨이를 구축해야 한다는 것이다. 루나 게이트웨이는 우주 비행사들이 달 표면으로, 더 나아가 먼 우주로 향하는 여행 경로를 이어 주는 도킹 허브의 역할을 할 것이다. 언뜻 보기에는 기존의 국제우주정거장과 유사해 보이지만 크기가 더 작다. 랭글리연구센터의 우주 임무 분석 분과SMAB에서 게이트웨이 개발에 관한 연구를 이끌어 왔지만, NASA의 케네디우주센터 소속 엔지니어들이 좀 더 중추적인 역할을 맡고 있다.

루나 게이트웨이는 록히드 마틴사가 아폴로 시대에 개발한 NASA의 유인 모듈의 현대식 버전 오리온 유인 캡슐이 도킹할 수 있는 소형 우주정거장으로 운영될 것이다. 그뿐만 아니라 여기에 들어가는 수많은 부품을 각각 발사하고 조립해서 전체를 완성시킬 수 있도록 진보된 모듈 디자인이 적용될 것이다. 루나 게이트웨이는 전 미국 부통령 마이크 펜스의 연설에서 NASA는 2028년까지 달에 지속 가능한 인류의 정착 기지를 마련할 역량을 구축할 것이라고 선언함에 따라 추진된 계획이기도 하다.

2021년 7월에 NASA의 블로그를 통해 당시 NASA 국장이었던 빌 넬슨은 "NASA는 태양계 내부에서 인류의 탐사 범위를 현재보다 더욱 확장할 수 있도록 관련 기반 시설을 구축하고 있다. 우리

가 달과 그 주변부에서 의미 있는 과학적 성과를 내는 데 도움이 될 달 궤도 정거장, 즉 게이트웨이도 여기에 포함된다."라고 알렸다.

그해 여름, NASA는 주거용 모듈 HALO^{Habitat and Logistics} ^{Outpost} 개발을 목표로 노스롭 그루먼사와 9억 3,500만 달러 규모의 계약을 성사시켰고, 그에 따라 2023년으로 설정된 달 궤도에 게이트웨이를 올려 보내는 사업은 예정대로 진행되고 있었다.

NASA, 다시 달로 돌아가다

록히드 마틴은 2021년 1월경, 오리온 아르테미스 1호 우주선의 조립을 완료했다. 이 우주선은 NASA의 새로운 탐사 등급 우주선 주력 모델로서 우주선의 관리를 NASA 측에서 맡았고, 나중에 NASA의 우주 발사 시스템SLS 로켓에 장착되었다. 제작에만 수십 년이 걸린 아르테미스 1호는 2022년 11월 16일에 무인 테스트 임무를 수행하기 위해 발사되어 달 주위를 선회한 후 지구로 귀환했는데, 총 비행시간은 25일 10시간 53분이었다. 대기권 재진입 속도는 무려 음속의 32배에 달하는 시속 4만 킬로미터 가까이를 기록했고, 2022년 12월 11일 바다에 착수했다. NASA 소속 로켓으로서 아폴로 시대의 전성기를 다시금 계승할 후예의 등장이 이제 막 시작된 것이다.

2020년 9월, NASA는 진행 중인 아르테미스 계획의 4단계를 세상에 공개했다. 그 첫 단계로, NASA는 2024년 11월경에 오리온 우주선과 SLS 로켓으로 달 궤도에 올랐다가 귀환하는 유인 임무를 한 차례 더 진행할 것이다. 여기에는 NASA의 우주 비행사 리드 와이즈먼Reid Wiseman, 빅터 글로버Victor Glover, 크리스티나 코흐Christina Koch를 비롯해 캐나다 우주청 소속 비행사 제레미 한센Jeremy Hansen이 참여한다.

그다음으로는 아르테미스 3호를 이용해 실제 우주 비행사들을 달에 올려 보낼 것이다. 이 단계는 개발 중인 인간 착륙 시스템 Human Landing System, 즉 스페이스X의 스타십이 준비되는 상황에 따라 달 착륙을 시도해 얼음으로 뒤덮인 달의 남극에 도달할 것이다. 그리하여 1972년에 있었던 마지막 아폴로 임무 이후 처음으로 달에서 유인 탐사를 재개할 것이다.

그러나 NASA는 현재 스타십 개발이 지체되는 탓에 아르테미스 3호의 임무가 2026년으로 늦춰질 것을 우려하고 있다고 2023년 6월에 스페이스닷컴이 보도했다. 이 책을 쓰고 있는 현재, 발사는 2025년 12월 중으로 예정되어 있지만, NASA 관계자들은 그 날짜에 대해서도 점차 회의적인 반응을 보이고 있다. 2023년 6월 7일에 NASA의 탐사 시스템 개발 부국장 짐 프리Jim Free는 이같이 말했다.

"2025년 12월은 우리가 현재 공표한 발사 시기입니다. 그러나 스페이스X가 그간 어려움을 겪어 온 상황을 고려하면 정말이지 우려되는군요. (…) 따라서 발사 예상 시기에서 숫자 25가 26으로 바뀔 수도 있다고 봅니다."

이렇듯 발사에 방해가 되는 요인은 여러 갈래로 발생하기도 한다. 그 가운데 주목할 부분은 앞서 폭발한 스타십 SN24에 관해 미 연방항공청이 조사를 진행하고 있다는 점이다. 게다가 여러 환경 단체가 연대해서 연방항공청을 고발한 상태다. 연방항공청이 스타십 발사에 따른 주변 생태계의 영향을 부적절하게 평가했다는 이

유다.

자연히 아르테미스 계획의 핵심 구성 요소인 스타십이 실제로 NASA의 우주 비행사들을 달에 올려놓기 전까지는 아무것도 예측할 수 없는 상황이다. 그렇지만 NASA는 이에 굴하지 않고 앞으로의 계획을 세워 나갔다. 아르테미스 4호 임무는 원래 2026년으로 예정되었는데, 해당 임무의 목적은 우주선에 우주 비행사들과 I-Hab 모듈을 싣고 루나 게이트웨이로 올라가 게이트웨이 시스템을 더욱 확장하는 것이다. 더욱 많은 우주 비행사들을 달에 보낼 계획으로 아르테미스 5~8호 역시 현재 개발 단계에 있다. 달 표면에도 연달아 착륙을 시도해서, 그 무렵이면 달 표면에 이미 기반 시설이 자리 잡고 있을 것이다.

이들 계획에 엄격한 시간 설정은 없다. 하지만 우주 비행사들이 일단 달에 발을 내려놓는 데 성공하기만 하면, 정착 기지를 건설하는 단계에 돌입할 것이다. 이 단계에서 주거 시설을 건설하고 과학 기기, 탐사 로버, 고기능 자원 추출 장비 등을 구비할 것이다. 이 모든 단계가 인류를 다행성 종족으로 만들기 위한 사전 작업이다. 여기엔 수십억 달러에 이르는 엄청난 자금이 들어간다. 바로 일론 머스크가 원했던 것이다. 한편 다른 민간 항공우주 업체들도 이미 스페이스X의 우주선 구축 시스템 사업의 밑그림을 결과적으로 모방하려는 움직임을 보이고 있다. 그러한 몇 군데 업체를 이야기하면, 비글로 에어로스페이스Bigelow Aerospace, 파이어플라이 에어로스페이스Firefly Aerospace, 문 익스프레스Moon Express, AAC 클라이드 스페이스AAC Clyde Space, 원웹OneWeb, 플래닛Planet, 렐러티비티 스페이스Relativity Space, 스페이스 어드벤처스Space Adventures, 인튜이티브 머신스Intuitive Machines 등이 있다.

이들 외에도 액시엄 스페이스Axiom Space나 테란 오비털Terran Orbital 같은 다른 기업들도 많이 생겨나고 있지만 다음 세기의 우리 후손들이 살아갈 세상에서는 우주 산업이 전체 항공우주 기업의 연합으로 구성될 것이다. 여전히 스페이스X가 우주 산업을 주도하겠지만 말이다.

많은 기업이 달과 주변의 여러 소행성에 매장된 자원을 차지하려는 경쟁에 뛰어들면서 서로 동일한 자원을 두고 분쟁을 일으키거나 자원 수송 시 충돌을 겪게 될 수도 있다. 그러나 모든 기업이 추구하는 공동의 이익, 즉 지속적인 이윤 증가를 목표로 서로 협력하는 편이 각 기업에도 이득일 것이다. 다만 여기서 근본적인 질문이 빠졌는데, 과연 이것이 바람직한 일일까?

우주는 위험하다, 그러나 지구도 마찬가지다

인류 역사상 모든 탐험과 대이동의 시대에도 그랬듯이 먼 거리로 이동하는 것은 목숨이 달린 행위다. 그리고 우주 공간은 우리가 아는 가장 위협적인 공간이다.

"솔직히 초창기에는 많은 사람들이 목숨을 잃을 수도 있습니다."

상단: 2019년 10월에 NASA의 짐 브라이든스타인 국장이 아르테미스 계획에 대해 말하고 있다.

오른쪽 상단: 액시엄(Axiom)이 앞으로 건설할 계획인 우주 정거장의 외관을 그린 컴퓨터 생성 이미지. 이 정거장은 신생 우주관광 산업의 미래를 보여준다.

오른쪽 하단: NASA의 오리온 우주선에서 촬영한 놀라운 사진. 우주선 선체 뒤로 달의 반대편과 지구의 모습을 동시에 포착했다.

2021년에 있었던 화성 이주 프로젝트에 대한 인터뷰에서 머스크가 X프라이즈 재단의 설립자 피터 디아만디스^Peter Diamandis에게 한 말이다. 머스크가 경고한 것은 이번이 처음은 아니었다. 2017년에 개최된 국제우주대회에서 머스크는 최초로 화성으로 떠날 인간 집단은 '목숨을 잃을 각오'를 해야 한다고 말했다.

"화성 탐사라고 하면 탐험가 어니스트 섀클턴^Ernest Shackleton이 남극 원정대 모집 광고에 썼던 내용이 떠오릅니다."

디아만디스와의 인터뷰에서 머스크는 이렇게 덧붙였다. 20세기의 영국 탐험가 섀클턴이 지구의 남쪽 대륙으로 모험을 떠날 계획을 세우며 원정대를 모집하는 광고에 이렇게 썼다.

'위험한 여정에 동참할 남성 모집'.

그리고 깊이를 가늠할 수 없는 타이태닉호의 모험이 그러하듯이, 우주로 떠나는 누구든 그 여행에서 겪을 위험을 단단히 각오해야 할 것이다. 머스크는 이어서 말했다.

"위험합니다. 불편할 테고요. 머나먼 여정이에요. 살아서 지구로 돌아오지 못할지도 모릅니다. 하지만 영예로운 모험이될 것이며, 굉장한 경험을 하게 될 겁니다."

그는 먼 우주에서의 임무에서 마주할 발견과 체험에 관해 이야기하기도 했다.

"죽을 수도 있죠…. 그리고 좋은 음식이나 그런 많은 것들을 누리지 못할 수도 있습니다. 살아서 돌아오지 못할 수도 있는 몹시고되고 위험한 여정입니다."

머스크는 한마디를 더했다.

"참 매력적이죠!"

여행 중에 본인이나 지인이 목숨을 잃을 수 있다는 점이 먼 우주로 향하는 여행의 단점이다. 개인적으로 나라면 그런 위험 따위는 상관없이 여행에 나설 것이다. 자신의 목숨을 걸고 기꺼이 행성 세계의 개척자가 되려고 길을 떠날 사람들은 얼마든지 있다. 그런데 또 다른 단점이 있다.

지난 10년간 주류 언론에서 일론 머스크에 관해 보도한 내용들을 살펴보면, 부정적인 어조가 없는 기사를 찾아보기 힘들다. 한 미래주의를 표방하는 언론의 기사(내가 그 회사를 그만둔 후에 작성된 것이다)를 보면, 스타십으로 달에 도달하는 데 필요한 연료의 양이 급유선 여러 대 분량에 해당한다는 일론 머스크의 추산을 언급하며 '역겹게 많은 양'이라 표현했다. 이러한 부정적 시각은 충직한 계급의식에서 비롯되기도 한다. 기자들은 더 이상 예전처럼 강인한 노동 계급의 영웅이 아닐뿐더러, 그저 데스크에 잘 보이려고만 애쓰는 경우가 허다하다. 그러려면 그들의 상사가 시기해 마지않는 엘리트 계급을 노골적으로 조롱하며 경멸감을 표해야 하는 것이다. 결국 엘리트 계급은 자신들에게 익숙한 고급스러운 생활수준을 잃을까 봐 두려워한다.

그러나 현대 저널리즘 밖으로 눈을 돌려 보면, 지구상의 많은 이들에게 생계 지원이 절박하다는 사실은 변함이 없다. 그리고 주로 군사적·경제적·상업적 목적으로 우주 기술을 개발해도 하층민이나 노동 계급의 생활수준을 개선하는 일과는 거리가 멀었다. '민주주의'라는 단어는 본디 그리스어로 '인민의 지배'를 뜻하는 단어에서 유래했다. 즉, 일반 시민이 최고 권력을 갖는다는 의미이다. 하지만 우주의 식민지에서 살아가는 평범한 시민의 일상에 필요한 지극히 기술적인 기반을 슈퍼리치 억만장자의 민간 기업이 장악하고 있다면 일반 대중이 어떻게 사회를 이끌 수 있을까?

(일부 사람들은 머스크가 도널드 트럼프의 트위터 계정을 복구시켜 준 이유는 머스크가 트럼프를 지지하기 때문이라고 주장한다. 그러나 머스크 자신은 정치적으로 '편의상 왼쪽도 오른쪽도 아닌' 성향이라고 선언한 것을 보면 아마도 자유의지론자에 가까울 듯하다. 다만 그는 민주당전국위원회DNC의 전략이 분열을 초래한다며 2024년 대선에서 공화당에 표를 줄 생각이라고 언급한 적은 있다.)

"상사의 말을 거부해? 배급은 없을 줄 알아. 노동 불안? 어디 한번 산소 없이 파업해 봐." 2022년에 《배플러The Baffler》 잡지에 실린 코리 핀Corey Pein의 에세이에 나오는 장면으로, 사유화된 우주 식민지에서 겪게 되는 생명정치적biopolitics 위험에 관해 묘사한다. 그러나 현대의 우주 경쟁에서 그리고 그에 대한 스페이스X의 기여에 따른 장단점을 따져 보면 여기에 또 다른 측면이 있다. 수 세기에 걸쳐 사람들은 보다 유토피아적인 사회(혹은 미국에서라면 약간 더 디스토피아를 향할 때가 많지만)를 이룩해야 한다고 주장해 왔다.

현재 모든 인간의 생명은 유한하다. 저마다 수명이 다르기도 하고, 우리가 당연하게 여긴다고 해도 내일 아침에 눈을 뜰지 말지 알 수 없는 노릇이다. 그리고 실상은 지구상의 어떠한 사회도 자본주의를 벗어나서 존재하지 않는다. 지구상의 가장 기본적인 경제 구조를 재포장해서 우주 식민지에 그대로 이식한다면 그곳에서조차 불평등을 똑같이 재생산할 위험이 있다(그리고 억만장자 소유주의 착취에 저항하기란 더욱 어려울지도 모른다). 하지만 엘리트 계급보다 더 적은 수단을 가진 이들에게 지구로부터의 거리라는 또 다른 기회를 제공하기도 한다.

지구에서 일어날 수 있는 최악의 상황을 가정해 보자. 지구가 인류의 생명을 유지할 능력을 잃는 것이 아니라, 인류의 삶이 중세 유럽의 소작농이 겪었던 것과 같은 무자비한 고통의 새로운 차원에 이를 것이라고 치자. 이런 상황이라면 차라리 번영하는 화성의 정착지에서 하류 노동자로라도 살아가는 것이 지구에 사는 것보다 덜 불행할 수 있다. 이는 제임스 S. A. 코리James S. A. Corey의 소설 『광활한 공간The Expanse』 시리즈에 소개된 현실이다. 소설 속의 화성 식민지 거주민들은 이미 지구 정부의 관할에서 벗어나 그들만의 자치 독립 사회를 형성한다. 오늘날 현 상황은 많은 이들이 용납하기 힘들지만, 그래도 즉각적인 구호가 필요한데 정작 구호받을 수단이 없어서 죽어가는 것과 우리의 후손들이 더 나은 삶을 살아갈 미래를 향해 일하는 것 사이에서 선택해야 한다면, 우리는 개인적으로 누리게 될 것들이 아닌, 인생 목표를 넓혀 생각하는 시간이 되었을지도 모른다. 물론 더 나은 우주에서의 삶에 기대를 건다는 말은 곧 아르테미스 계획을 통해 달에 식민지를 건설하겠다는 기본 목표조차 성공하지 못할 수도, 그리고 그 누구도 화성에 도달하지 못할 수도 있을 가능성을 염두에 두어야 한다는 말이다.

NASA는 이미 계속해서 예정했던 일정을 늦추고 있다. 아르테미스 계획은 앞서 2005년부터 2010년까지 이어진 컨스털레이션 계

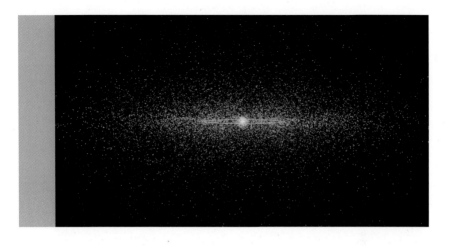

왼쪽: 2006년에 화성 탐사 로버 스피릿(Spirit)이 포착한, 독특한 화성 표면에 널린 검은 바위들의 모습.
상단: 지구 근처에 분포된 소행성. 소행성은 지구에서 인류의 삶과 지구 근처 우주 공간으로의 임무에 위협이 될 수 있다.

획이 진화한 형태인데, 지금까지 일정이 수도 없이 연기되었다. 행정 당국으로부터 정부 지원금을 재할당하라는 지시가 내려오거나 제프 베이조스의 블루오리진과의 소송에 따른 일정 지연이라든지, SLS 발사 시스템부터 새로운 우주복 디자인에 이르기까지 온갖 기술적인 문제로 일정에 차질을 빚기도 했다. 오죽하면 일론 머스크가 계획의 일정을 신속히 앞당기기 위해 스페이스X도 우주복 개발에 동참하겠다고 제안하기까지 했다.

스페이스X의 비밀

상단: 미래에 있을 아르테미스 임무에 따라 달 표면에서 우주 비행사들이 작업하는 모습을 그린 상상도.

하단(좌): 화성에 도달한 NASA 우주 비행사를 그린 상상도. 이는 위대한 역사적 순간이 될 것이다.

하단(우): 2022년에 남중국해에서 HMCS 위니펙함(HMCS Winnipeg)과 공동으로 작전을 수행하고 있는 USS 히긴스함(USS Higgins). 중국과 대치하는 긴장 상황은 우주에서 인간의 공동 유산을 비롯해 모든 것을 위협한다.

비록 일어날 법하지는 않으나 우주에서 중국의 급격한 성장세로 더욱 빠른 속도와 효율성을 발휘해 인간을 달에 올려, 아르테미스 계획보다 앞서 선두를 차지할 수도 있다. 다만 그 가능성은 희박하다. 현재 중국의 우주 사업은 스페이스X 자체보다도 뒤처진 상태이기 때문이다. 그러나 그보다 더 좋지 않은 상황을 생각해 볼 수도 있다. 2010년대에 들어서면서 미국과 그 동맹국들 그리고 중국, 러시아와 그들의 동맹국들 사이에 대치 상황이 부쩍 증가하고 있기 때문이다. 지난 수년간 러시아는 우크라이나를 침공하며 서구 국가들과 마찰을 일으켜 왔다. 러시아와 대치 국면은 이 글을 쓰는 시점에도 여전히 현재 진행형이다.

한 미군 장군이 2023년 초에 언급하기를, 그의 '직감'으로는 2025년경에 미국과 중국이 전쟁을 치를 것이라고 했다. 중국의 영해 안팎에서 미국과 중국 양측이 군사 훈련을 더욱 빈번히 하는 것을 보면 그러한 가능성을 일축해 버리기가 쉽지 않다. 최악의 경우 세계대전이 발발해서 지구상의 생활양식 자체를 근본적으로 바꾸어 놓을지도 모른다. 강제 징집되거나 세금을 통해 전쟁 비용을 부담하는 평범한 시민들뿐 아니라, 전 세계의 지식인층도 이를 피해 갈 수는 없을 것이다. 그 정도 규모의 무력 충돌이라면, 한 국가가 백기를 드는 대신 기존의 지배 세력을 유지하기 위해 어쩔 수 없이 핵무기를 택하게 되는 상황에 이를지도 모른다. 실제로 이러한 상황이 절대 일어나지 않을 수도 있으나 우리는 여전히 핵무기로 인한 파멸이 얼마든지 가능한 세상에 살고 있다. 그리고 만에 하나 실제로 그러한 상황이 전개된다 해도 어떤 국가든 자국민을 달로 곧장 피난시키지는 못할 것이다.

우리가 제3차 세계대전이라는 대재앙을 피해 간다 할지라도, 무수히 많은 경우의 수를 거치며, 우주를 향해 나아가는 인류의 발걸음은 여전히 유토피아적 꿈의 공간과 지구에서의 현실 사이를 불안하게 오가고 있다. 이는 그저 우리가 이미 겪고 있는 혼란이 무중력 상태를 떠도는 것일 뿐이다. 최상의 시나리오에 따라 성공한다 해도, 인간 세상에는 쉽게 변하지 않는 기존 방식에 대한 관성이 존재한다. 일론 머스크같이 막대한 부를 소유한 자라도 이러한 경향을 부인할 수는 없다.

The Cost of
Space Flight
Before and
After SpaceX

스페이스X 전후의 우주 비행 비용

20세기에 있었던 미국과 구소련 사이의 첫 번째 우주 경쟁 때는 굉장한 비용이 들어갔다. 1960년대에 NASA는 인간을 달에 보내는 프로젝트에 280억 달러를 쏟아부었다. 2020년대를 기준으로 물가상승률을 감안하면 이 액수는 거의 3천억 달러에 해당한다.

이를 소련의 우주 산업 예산과 비교해 보자. 미국의 중앙정보국(CIA)이 추산한 바에 따르면, 1964년 회계연도를 기준으로 60~100억 달러에 이르는 규모이며, 물가상승률을 감안해 2020년대 기준으로 환산하면 600~1천억 달러에 해당한다. 1970년대에는 베트남 전쟁을 겪는 한편, 반복되는 정부의 스캔들과 경기 침체 속의 물가 상승이 이어지면서 연방 정부에 대한 냉소적인 불신이 커져 갔다. 이에 정부가 추진하던 우주 산업에 대한 대중의 관심도 줄어들면서 두 초강대국 모두 우주 계획에 투입되는 막대한 자금을 감당하기 어려워했다.

그러나 지난 20년에 걸쳐, 스페이스X 같은 스타트업이 등장하면서 미국의 납세자들에게 그렇게까지 과중한 부담을 지우지 않고도 우주여행이 가능하다는 사실을 증명하기 시작했다. 2020년대에 스페이스X가 로켓 발사에 들인 비용은 1960년대에 러시아가 소유즈 우주선 발사에 들였던 비용과 비교하면 97퍼센트 감소했다. 우리가 앞서 살펴보았듯이, 재정 관점에서 우주여행을 실행할 수 있게 만드는 핵심 요소는 부품을 재사용할 수 있느냐다. 스페이스X의 로켓 부스터는 재사용이 원활하다. 팰컨9 로켓 부스터 가운데 한 모델은 2023년 7월까지 총 16차례 발사되기도 했다. 일론 머스크는 부스터의 재사용 횟수를 100회까지 설정하고 싶다고 말해 왔는데, 그렇게 되면 현대의 로켓은 냉전 시대의 우주선보다 발사 비용을 거의 100퍼센트 절감할 수 있으며, 스페이스X가 발사 계약으로 벌어들이는 수익을 감안한다면 더욱 비용을 낮출 수 있다.

이번에는 좀 더 현실적인 측정치인 화물 탑재 비용을 통해 로켓 발사 비용을 평가해 보자. 결국 로켓 발사란 우주에 대한 인류의 야망을 실현한다는 노골적인 사실은 차치하고, 머나먼 우주로 누구를, 무엇을, 그리고 얼마나 보낼 수 있는가 하는 문제로 귀결된다. 문제를 단순화하기 위해, 2020년대 초반을 기준으로 물가상승률을 감안해서 비용을 킬로그램당 달러로 계산해 보자.

세계에서 가장 길고 강력한 새

앞쪽: 팰컨9 부스터와 같은 재사용할 수 있는 부품들은 우주여행이 납세자들에게 그렇게 큰 부담이 될 필요가 없다는 사실을 증명하는 주된 요소다.

상단: 아폴로 11호의 발사 카운트다운을 지켜보고 있는 케네디우주센터의 수많은 직원을 보면 계획에 투입되는 비용 수준을 가늠해 볼 수 있다.

턴 5호 로켓을 발사하는 비용은 킬로그램당 약 6,400달러다. 이를 킬로그램당 7~8천 달러 수준인 소련의 소유즈와 비교해 보자. 미국 국제전략연구소(CSIS)의 분석에 따르면, 두 로켓 모두 우주왕복선보다 비용 면에서 훨씬 더 효율적이다. 왕복선을 우주로 쏘아 올리는 데는 킬로그램당 5만 1천 달러의 비용이 들기 때문이다.

냉전 이후 미국의 주력 로켓 가운데 하나였던 델타 헤비 로켓은 킬로그램당 거의 1만 2,800달러가 소요된다. 스페이스X의 팰컨1 로켓은 그보다는 비용이 약간 더 들지만, 2010년을 기준으로 킬로그램당 비용이 3,200달러가 채 되지 않았던 팰컨9 로켓이 등장하면서 총비용은 급격히 개선되었다.

중국의 창정3B 로켓은 1990년대 후반을 기준으로 킬로그램당 6,400달러로, 개발 초창기부터 비용 면에서는 이미 서구의 로켓에 한발 앞서 있었다. 하지만 2010년대 후반에 등장한 팰컨 헤비로 스페이스X는 발사 단가를 킬로그램당 1,600달러까지 낮추었다. 스타십 역시 2020년대 언젠가 전체적으로 완성된다면 발사 단가는 킬로그램당 200달러까지 낮출 것으로 보인다.

냉전 시대의 로켓들과 그로 인해 공공경제가 부담하는 막대한 비용에 비하면, 공공-민간 항공우주 업체들의 성과는 가히 혁명적이다. 그렇다고 해도 향후 달이나 화성, 그 너머까지 인류가 정착할 가능성을 감안한다면 앞으로도 지속적인 개선이 필요하다. 일론 머스크의 시각에서 이는 역사의 필연이며, 우리에게는 선택의 여지가 없기 때문이다.

7.

인류는
화성에
갈 수 있을까

지구 궤도에서 촬영한 숨 막히게 멋진 지구의 모습.

"만일 개발에 더욱 속도를 내지 않는다면, 화성에 인류가 당도하기 전에 저는 이미 이 세상 사람이 아닐 겁니다. 최초의 인간을 궤도에 보낼 준비를 하는 데만 18년이 걸렸다면, 우리는 앞으로 혁신에 더욱 속도를 내야만 합니다."

상단: 대부분 사람들과 억만장자인 일론 머스크의 공통점은, 그들이 죽기 전에는 결코 민간인이 정착한 화성의 식민지를 볼 수 없으리라는 것이다.
오른쪽(좌): 스페이스X의 크루 드래곤이 지구 대기권을 벗어나는 광경을 아름답게 그려 낸 상상도.
오른쪽(우): 여러 소행성에는 천연 광물이 잠재적으로 풍부하므로, 이를 활용한다면 우주 공간에서 자급자족하며 지속적인 거주지를 구축할 수도 있다.

워싱턴 D.C.에서 개최된 '위성 2020^{Satellite 2020}' 회의에서 일론 머스크는 이같이 말했다.

정신이 번쩍 들게 하는 그의 일갈은 암담한 현실을 반영하고 있어서 누구든 이 말을 듣는 순간 멈칫하지 않을 수 없다. 우주여행이 약속하는 미래를 꿈꾸든, 현대 산업이 가난한 자에게 부과하려는 통행세를 혐오하든, 아니면 이런 것들에 완전히 무관심하든

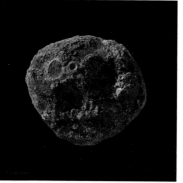

상관없다. 죽음은 우리가 무엇을 하든, 무엇을 건설하든, 최종적인 운명은 당신이 세상을 떠난 한참 후에나 판가름될 가능성이 높다는 사실을 우리에게 끊임없이 상기시킨다.

인류의 화성으로의 여정은 다가오는 수십 년 안에 일어날 가능성이 매우 크다. 이 같은 머스크의 견해에 대다수가 동의할 것이다. 그런데 화성에서의 정착을 일반인에게 제공하는 수준까지 발전했을까? 행성 간 운행 티켓이 최소한 미국의 중산층이라면 감당할 수 있을 만큼 저렴해져서 비상시에 지구로부터 대피할 수 있을까?

이러한 일들이 우리가 죽기 전에는 이루어지지 않을 것이다. 적어도 우리 가운데 가장 신체 건장한 이들이 그곳으로 향하는 수 개월간의 여정에서 환경의 압박과 심리적 부담을 견뎌 낼 수 있는 기간에는 그렇게 되지 않을 것이다.

비용 면에서 머스크는 화성으로의 이주에 드는 비용은 최종적으로 50만 달러 이하가 되리라 '확신한다'며, '어쩌면 심지어' 그보다 더 적은 10만 달러로도 가능할 수 있다고 말해 왔다. 이러한 수치가 제시된 것은 2019년의 일이다. 대략적인 추산에 경제적인 돋보기를 들이대지는 않아야겠지만, 물가상승률을 감안하면 2023년을 기준으로 이는 거의 60만 달러와 12만 달러에 해당한다. 12만 달러라면 미국 노동인구의 상당수가 감당할 수 있는 수준이다. 2023

년 미국의 평균 연소득은 56,940달러(세전)였다. 만일 물가상승률이 둔화되거나 상승하는 물가를 따라잡기 위해 연방 명령에 따라 임금이 상승한다고 가정한다면, 평균적인 미국인은 15년간 저축해서 화성으로 탈출할 수 있다. 만일 분할 납부가 되거나 화성의 광산에서 일하면서 빚을 탕감받는 식으로 경비를 낼 방법이 생긴다면 이 기간은 더욱 단축될 것이다.

그러나 (상당히 서비스 중심 사회인) 미국 내에서 경제 구조나 노동권, 부유세 그리고 리더십에 중대한 변화가 일어나지 않는다면, 다시 말해 미국 사회의 정치와 경제 구조가 180도 바뀌지 않는다면, 유럽 선진국 시민이라도 6만 달러에서 0이 한두 개 더 붙는 수준의 연봉을 받지 않는 한, 화성으로 가는 비용을 감당할 수 없을 것이다. 게다가 화성에 기능을 갖추고 자급자족이 가능한 정착지를 구축하는 과정이란 마치 대규모 세계대전이라도 치르는 정도로 국가 전체의 자원과 노동력을 투입해야 하는 규모일 것이다.

화성에 정착지를 구축하는 비용이라면 화성으로 운반하는 물자의 톤당 비용에 따라 달라질 것이다. 2017년에 머스크는 화성에 물자를 운반하는 비용은 톤당 14만 달러가 되리라 추산했다. 2023년을 기준으로 하면 17만 4,260달러에 해당한다. 스타십이 화성으로 운행을 개시할 예상 시기에 걸맞게 보수적으로 계산해서 톤당 20만 달러라고 치자. 그리고 화성에 인간의 정착을 완료하는 데 필요한 총비용에 대해 2017년에 머스크는 1천억 달러가 실현

가능한 액수라고 말했다. 대충 계산을 끄적여 보면 거의 2천억 달러에 달한다.

또한 머스크는 이르면 2050년까지 이 모든 것을 해낼 수도 있다는 예상을 내놓았다. 그렇지만 NASA의 아르테미스와 스페이스X의 스타십 개발 과정에서도 많은 차질이 생겼던 사실뿐만 아니라 우주 산업에 참여하는 국가들 간에 발생할 온갖 사안에 대한 지정학적 의견 충돌을 감안하면, 이는 매우 이상적인 추정치다.

또 한 가지 자주 간과되는 결과는 우주 산업 분야에서는 이미 실행 가능성이 입증된 방식에 계약이 몰리면서 해당 업체의 규모가 더욱 확대되는 경향이 있다는 사실이다. 스페이스X가 팰컨9 로켓을 통해 우리가 원하는 무엇이든 지구 저궤도로 운반할 수 있다는 것을 증명하자마자, 스페이스X의 계약 규모는 NASA는 물론 전 세계의 다른 기관이나 국가의 우주 산업을 발 빠르게 앞질렀다.

그리고 스페이스X가 그렇게 벌어들인 수익 덕분에 미국의 납세자들도 스타십 개발에 드는 엄청난 비용 부담을 피할 수 있었지만, 스페이스X 자체도 지속적으로 우주정거장을 오가며 비행사들을 수송 및 귀환시켜야 하는 임무와 더불어 계약에 따라 로켓으로 여러 군사 위성을 쏘아 올리는 임무를 진행하면서 사업 영역을 확장하고 경제적으로 성과를 올릴 수 있었다.

달 착륙이 성공하기만 하면, 소규모 업체들보다 더 비싼 값을 제시할 여력이 되는 모든 기업이 스페이스X나 여타 달 착륙 서비스를 제공하는 민간 항공우주 업체에 실로 엄청난 부를 안겨 주며 달에서의 사업 영역을 확장하려고 할 것이다.

그다음 순서는 지구 인근에 위치한 소행성들이다. 일부 소행성에는 지구상에서 가장 부유한 개인이 벌어들이고 보유한 것보다 더 많은 부가 희귀 광물들이 존재한다. 다비다Davida, 16 프시케16 Psyche, 디오티마Diotima 등의 소행성에는 수백경 달러 이상의 희귀 광물이 있다.

그런데 아르테미스가 대성공을 거두고, 스페이스X와 블루오리진, NASA와 그 파트너들이 모두 달에 영구적인 인간 정착지를 확장하며, 그에 따라 실로 막대한 부가 지구의 엘리트들 수중에 들어오는 시나리오에 대해서는 누구도 언급하지 않고 있다. 그러나 이 시나리오대로라면 그 모든 성공에 힘입어 수십 년 이상은 더 많은 돈을 벌어들일 수 있으니 굳이 가지 않아도 될 화성으로의 임무는 끊임없이 지연될 것이다.

2030년 1조 달러 규모를 예상하는 우주 산업

이러한 내용은 모두 추측에 근거한 것일 뿐이다. 가상의 달 기지에 더 많은 투자를 할 것인지, 아니면 화성의 새로운 인류 정착지 건설에 물자를 할당할 것인지 판단할 수 있도록 비용 및 실익을 분석하는 데 이용할 만한 데이터가 없다. 그러나 내가 지금껏 뉴욕시에서 지구상에서 가장 부유한 사람들과 한데 얽혀 그들과 일해 오

면서 받은 직감으로는, 달과 지구 가까이의 소행성에서 즉시 활용할 수 있는 상업적 기반이 마련된다면, 화성에서 과학 및 자원 탐사를 목적으로 그저 단기간 체류를 넘어 그 이상의 목표를 추구하는 것은 후순위로 밀려날 듯하다.

그러나 아직 이러한 나의 직감대로 실현되지 않으리라는 희망은 있다. 놀랍게도 그 근거는 자본주의의 또 다른 측면 때문일지도 모른다. 바로 경쟁이다. 2023년 1월에 열린 세계경제포럼에서 맥킨지앤드컴퍼니McKinsey & Company가 공개한 데이터에 따르면, 2010년 이래로 우주 시장은 2,800억 달러에서 4,470억 달러 규모로 성장해 왔다. 이러한 추세라면 2030년에는 총 시장 가치가 1조 달러

규모에 달할 것이라 예상된다. 게다가 대략 250개의 우주 관련 스타트업(초창기의 스페이스X 같은 기업)이 존재했던 2010년보다 2022년에는 그 수가 600개 이상으로 증가했다. 따라서 2030년이 되면 100개국 이상에 걸쳐 우주 관련 기업의 수가 1천 개를 넘어설 수도 있다.

해당 보고서의 전체 내용을 보면, 또한 우주에서 벌이는 활동을 지원하는 민간 자금의 규모는 2030년까지 매년 200회 이상의 발사에 연간 200억 달러 이상에 이를 것으로 예상한다. 우주 산업이 급속도로 확장됨에 따라 지구와 달 사이의 경제 활동에 다른 여러 항공우주 기업이 합류할 여지가 생기고, 이들 역시 향후 수십 년간 우주 산업에 기여할 것이다.

2023년 3월, 렐러티비티 스페이스Relativity Space라는 한 민간 항공우주 업체는 3D 프린터로 제작한 로켓인 테란 1호Terran 1를 우주로 발사했는데, 이 로켓은 3D 프린터로 제작된 세계 최대의 물체로 남았다.

머지않아 우주 산업에서 스페이스X의 시장 점유율에 눈독을 들이는 새로운 도전자들이 경기장에 '입장'할 것이다. 그에 따라 스페이스X의 도움 없이도 달을 경제적 자산으로써 잘 활용하는 시점에 이를 수도 있다. 그렇게 된다면 머스크는 자신의 기업으로 원하던 사업, 즉 2천억 달러(혹은 그 이상)라는 어마어마한 규모의 화성 식민지 건설 프로젝트에 착수할 수 있을 것이다.

나는 화성 현지에 영구적인 인간 정착지를 건설하는 사업은 2050년 이전에는 어떻게든 시작되리라 본다. 화성으로 향하는 초기 임무에서는 실제로 사람들을 대거 이주시키는 것이 아니라, 대규모 인구가 지속적으로 거주하기까지 필요한 기술적 수단을 검증하는 데 보다 중점을 둘 것이 분명하며, 이러한 초기 임무는 여러 차례 수행될 것이다. 하지만 정치적인 측면부터 기술적인 측면에 이르기까지 불가피하게 발생하는 복잡한 문제들이 해결되어야 하므로 2070년대 무렵이면 이미 세상을 하직했을 나로서는 내가 감당할 수준의 가격으로 화성 도시로 가는 탑승권을 손에 쥘 수 있으리라고는 기대하지 않는다.

우리가 시곗바늘을 움직여 2100년으로 이동하고 급속도로 기술 발전이 지속적으로 이루어진다고 가정해 본다면, 22세기에는 우주의 순례자들이 신세계에 정착하는 매혹적이고도 흥미로운 시대를 보게 될 것이다.

그사이에 인공지능(일론 머스크는 규제받지 않는 AI가 인류의 파멸을 초래할 수 있음을 우려하면서도 오픈AIOpenAI가 챗GPT 같은 기술적인 혁신을 이루면서 추진해 온 인공지능에 관한 연구를 상당히 가속화하는 데 기여했다)을 비롯해 상온에서 초전도체의 성질을 띠는 신소재 등 여러 기술이 등장할 것이다. 22세기에 사용될 기술의 시각에서 현재의 기술을 본다면, 현재의 디지털 사회나 극도의 온라인 중심 개인주의적 문화가 마치 그 옛날 라디오 주변에 둘러앉아 가족과 시간을 보내던 시절처럼 여겨질 듯하다.

누가 우주 경제를 지배하는가?

그런데 우주 공간에서는 누가 혹은 어떤 조직이 이 모든 활동을 관할할 것인가? 지구상의 대부분 지역이 비록 간접적인 형태이지만 이미 주요 기업들이 장악하고 있으므로, 지구와 달 사이의 인간 활동 역시 기업 활동의 영역에 속할 것이 분명하다. 1967년 유엔 총회에서 발효된 우주조약에서는 태양계 전체는 제프 베이조스도, 일론 머스크도, 심지어 미국이나 중국과 같은 한 국가의 소유도 아닌 '인류의 공동 유산'이라고 명시되어 있다.

그러나 만일 미국이나 중국을 비롯해 여러 국가가 우주 산업에 뛰어들어 더 큰 수익을 얻으려 한다면, 채굴이나 다른 상업 활동을 제한할 명분을 찾기 어렵다. 믿기지 않겠지만 이러한 추세는 점차 악화하고 있다. 2022년에 내가 《흥미로운 공학 기술》에 실었던

왼쪽: 이 상상도에서 묘사된 대로 화성 식민지가 언젠가 번성한다면 호화로운 삶을 추구하는 이들에게는 그저 평범한 휴양지가 될 수도 있다.
상단: 궤도의 장엄함을 느낄 수 있는 우리의 푸른 행성 모습. 저 멀리 동이 터오는 가운데 날카로운 초승달이 떠 있다.

기사에서 텍사스 테크 대학교 롤스 경영대학의 경제학과 부교수이자 동 대학의 자유 시장 연구소Free Market Institute에서 비교 경제를 연구하는 알렉산더 샐터Alexander Salter는 이 상황에 대해 "우주 공간에서 현재 각축전을 벌이는 국가나 기업들은 저마다 우리는 국제적으로 합법적인 상황에 있으므로 어떠한 단일 국가도 이 분쟁을 심판하고 해결할 수 없다."라고 주장한다는 것이다. 또한 "미국의 기업과 정부 사이에 분쟁이 발생한다면 간단히 해결될 문제입니다."라고 샐터 교수는 덧붙였다. 그러므로 만일 블루오리진이 연방 정부의 이해관계를 거스르면 본사가 위치한 워싱턴주의 경찰은 어느 법원에서 베이조스에게 소환장을 발부할 것인지 쉽게 파악할 수 있다. 하지만 미국 내의 조직과 타국 정부 또는 해외 기업 간에 마찰이 발생한다면 그렇게 간단하지는 않다.

샐터가 거론한 사례는 '우주 쓰레기' 문제에 관한 소송이다. 수명을 다한 위성이 남긴 부속물과 미세 물질들이 총알보다 빠른 속도로 지구 저궤도를 떠다니며 충돌을 일으키는 것이다. 그러나 민간 업체들이 먼 우주로 사업을 확대함에 따라 분쟁의 발생 빈도가 급격히 증가할 것이다.

샐터는 "만일 지구 저궤도에 상품 가치가 있는 공간이 있다면, 그곳의 하드웨어에 관해 가장 효율적으로 데이터를 수집할 수 있는 운영자들로 구성된 더욱더 많은 업체가 나타날 것입니다. 그러나 우주 공간에서 기업 간 심각한 분쟁이 발생하지 않는 한, 실제로 법적 문제는 없습니다."라고 말했다. 하지만 아르테미스 계획이 성과를 보이면, 스페이스X와 블루오리진, 보잉, 록히드 마틴 등 많은 업체가 우주 공간의 자원에 대해 권리를 주장하고 나설 것이 틀림없다.

샐터는 계속해서 강조했다.

"머지않아 저마다 상업적 권리를 주장하면서 상대의 사업에 훼방을 놓을 겁니다. 그 과정에서 각 기업의 확고한 계획이 서로 충돌하면, 바로 그때가 중재가 필요한 순간이겠죠."

그리고 이러한 중재의 필요성에 따라 우주에서 공동의 이해관계를 가진 상업 연맹이 출범할 수 있다. 결국 전쟁은 비용이 많이 들기 때문이다. 그리고 우주 공간에서 소수의 인간들 사이에 분쟁이 발생하면, 이들이 합의에 도달해서 우주 공간에서의 소유권에 대한 법적인 선례를 남기는 것에 모든 시선이 집중될 것이다. 물론 그에 따라 기업을 통제할 의지가 없는 국가의 어느 한 기업이 막무가내로 독과점을 행사하는 결과가 나올 수도 있다. 하지만 더욱 폭넓은 경제적 여건에서 독단적으로 사업을 추진해 봤자 그리 오래 가지는 못할 것이다.

그러나 달 너머의 상황은 이런 방식으로 전개되지 않을지도 모른다. 물자를 싣고 달과 지구 사이를 오가는 로켓을 제작하는 것쯤은 21세기 후반에는 이미 일상 업무가 될 수도 있다. 하지만 화성을 지나, 외행성과 그 너머로 진출하는 데 같은 방식을 그대로 적용하기에는 훨씬 더 오랜 기간이 필요할 수 있다. 특히 그 시점이면 이미 우주 산업의 진입 장벽이 달까지의 거리만큼이나 높게 설정될 것이기 때문이다. 그리고 이미 2020년대에 NASA를 비롯한 여러 우주 기관에서 태양계의 외행성과 그들의 신비로운 위성에 대한 심도 있는 연구를 위한 밑그림을 그리고 있는 상황이기도 하다.

스페이스X가 남긴 유산은 당신의 몫이다

2022년 4월, 미국에서 행성을 연구하는 과학자 단체는 행성 간 탐사선을 거대 가스 행성인 천왕성으로 보낼 시기가 왔다고 선언했다. 미국 국립 과학공학의학아카데미National Academies of Science, Engineering, and Medicine의 보고서에 따르면, 이들은 '행성 과학 10년 계획Planetary Science Decadal Survey'의 핵심 사업의 하나로 2023년에서 2032년 사이에 '현재 사용 가능한 발사용 로켓으로 실현'하는 방안을 제안했다. 여기서 말한 '현재 사용 가능한 발사용 로켓'으로는 스페이스X의 팰컨 헤비를 비롯해 블루오리진의 뉴글렌, 유나이티드 런치 얼라이언스United Launch Alliance(록히드 마틴과 보잉사의 합작 벤처 기업-옮긴이)의 벌칸 센타우르Vulcan Centaur, 그리고 NASA

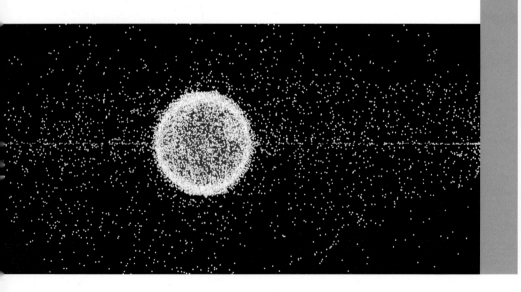

왼쪽: 지구 궤도상에 우주 쓰레기가 밀집된 모습을 그린 컴퓨터 생성 이미지.
상단: 천왕성의 모습. 우리의 세계로부터 까마득히 멀리 떨어진 안개 속의 행성이다. 2022년에 미국의 과학자들은 이 거대 행성에 행성 간 탐사선을 보낼 시기가 왔다고 선언하며, 2023년과 2032년 사이에 발사 계획을 제안했다.

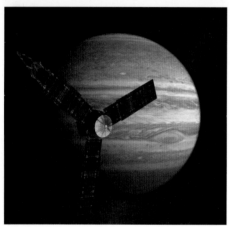

상단: 3D 이미지로 구현한 유로파 클리퍼(Europa Clipper) 탐사선의 모습. 목성의 위성인 유로파(Europa)의 궤도에 진입하고 있다.

하단: NASA와 록히드 마틴의 주노(Juno) 우주선은 외행성으로 향하는 최초의 완전 태양열 발전 우주선이다. 이 우주선은 목성에 매우 근접한 거리에서 목성을 탐사하고 빠른 속도로 목성의 극지방 부근을 통과한다.

오른쪽: 일론 머스크가 (우주복을 입은 마네킹을 태워) 우주로 보낸 테슬라 로드스터. 원래 목표는 화성의 궤도에 진입하는 것이었지만 예정된 경로에 이르지 못했다.

의 SLS 발사 시스템이 있으며, 이 사업이 추진되면 천왕성에서 과학 임무를 수행할 수 있을지도 모른다.

유로파 클리퍼는 NASA의 블로그 포스트에 따르면, 목성의 위성인 유로파의 궤도를 돌며 탐사하는 임무를 위해 이미 스페이스X의 팰컨 헤비에 탑재되어 발사된 상태다. 즉, 스페이스X는 이미 태양계 내행성을 넘어, 지구로부터 수억 내지 수십억 킬로미터 떨어진 거대 가스 행성에서 임무를 하고 있다는 의미다. NASA는 얼음으로 뒤덮인 유로파의 (아마도 거대한 바다가 존재할) 표면 아래에 외계 생명체가 존재할 가능성을 연구하는데, 해당 임무를 보조하게 된 머스크를 보면서 우리는 억만장자의 자금으로 몇 년 전까지만 해도 상상할 수 없었던 우주 탐사의 단계에 들어섰음을 깨닫는다. 게다가 우리 세계 바깥의 생명체에 주목하는 억만장자는 비단 머스크만이 아니다.

2018년에 억만장자 기업가와 물리학자 유리 밀너Yuri Milner가 첫 번째 민간 심우주 탐사를 추진했을 때 NASA는 그들의 탐사를 보조하겠다고 제안했다. 《뉴사이언티스트New Scientist》에 실린 2018년 보고서에 따르면, 이 임무는 토성의 위성인 엔셀라두스 Enceladus의 얼음 표면 아래에서 외계 생명체를 탐사하는 굉장한 모험이었다. 그 보고서가 출간될 당시, NASA는 얼음 위성을 근접 통과하는 방안에 대한 개념 연구를 진행하는 데 7만 달러 이상을 지원했다. 유로파 클리퍼의 임무와 엔셀라두스에서의 탐사 모두 완전한 무인 로봇 탐사로 진행될 것이다.

하지만 스타십의 운용 성능은 완성 단계에 이르렀기 때문에, 인간이 직접 외행성으로 날아가 목성의 대적점Great Red Spot이 빚어내는 소용돌이치는 괴물 같은 광경을 실제 인간의 맨눈으로 바라볼 날을 상상해 볼 수 있다. 다만 이 시나리오에 대해서는 문제점이 있다. 즉, 목성과 같은 거대 가스 행성은 엄청난 방사선을 내뿜기 때문에 현재의 기술력으로는 실제 인간이 그 여정에서 살아남을 수 있을지 불확실하다. 하지만 기술이 계속해서 속도감 있게 발전하면서, 상상조차 할 수 없는 우주 체험의 순간들이 한 세기 내에 이루어질지도 모른다.

스페이스X와 NASA, 그리고 우주 산업에 대한 저작이나 기사를 보면, 대체로 지구상의 자금으로 실현할 수 있는 이익만을 중점적으로 폭넓게 다루는 경향이 있다. 그러나 강대국 정부들과 상위

1퍼센트에 속하는 엘리트 집단의 이해관계에 개입할 수단이 없는 현재로서는 모두 그들이 이끄는 여정에 동참할 뿐이다.

일론 머스크의 스페이스X가 남긴 족적은 용감하게 지구의 한계를 넘어서 내디딘 인류의 귀중한 첫걸음이라 할 수도 있고, 혹은 스스로를 신화화하는 자아도취에서 비롯된 최후의 순진한 한 방이었을 뿐이라고 평가할 수도 있다.

그러나 아직 우리에게는 그 속에서 어떻게 살아갈 것인지 스스로 결정할 기회가 있다. 여러분이 이 글을 나와 같은 시대에 읽고 있든, 한 세기 후에 읽든 이 점을 이해했으면 한다. 스페이스X의 연대기는 언제까지나 미완의 단계로 남을 것이다. 그렇다면 우리의 역할은 무엇일까? 이 연대기가 다시 시작될 수 있게 하는 것이다. 기억 속에서만이 아닌, 문화적인 가치를 담아 영원히 반복 재생할 수 있도록!

감사의 말

나는 NASA스페이스플라이트닷컴의 뉴스 팀이 보여 준 노고에 감사의 말을 전하고 싶다. 지칠 줄 모르는 실황 중계와 현지 특파원을 통해 수많은 스페이스X의 시험 및 발사 현장의 모습을 생생하게 전달해 준 덕분에, 이 책을 비롯해 두 번째 우주 경쟁에 관한 많은 이야기가 이 세상에 나올 수 있었다.